AF339152

ÉTUDE

SUR

L'ERREUR

DANS LES CONTRATS

EN DROIT ROMAIN ET EN DROIT FRANÇAIS

Thèse de Doctorat

PAR

Alexandre CHAUMAT

Docteur en droit de la Faculté de Paris

AVOCAT A LA COUR IMPÉRIALE

———

PARIS

ANCIENNE MAISON G. RETAUX

PICHON-LAMY ET DEWEZ, LIBRAIRES-ÉDITEURS

— 15, RUE CUJAS, 15 —

1869

ÉTUDE SUR L'ERREUR

DANS LES CONTRATS

ABBEVILLE. — IMP. BRIEZ, C. PAILLART ET RETAUX.

ÉTUDE

SUR

L'ERREUR

DANS LES CONTRATS

EN DROIT ROMAIN ET EN DROIT FRANÇAIS

PAR

Alexandre CHAUMAT

Docteur en droit de la Faculté de Paris

AVOCAT A LA COUR IMPÉRIALE

PARIS

ANCIENNE MAISON G. RETAUX

PICHON-LAMY ET DEWEZ, LIBRAIRES-ÉDITEURS

— 15, RUE CUJAS, 15 —

1869

INTRODUCTION

La volonté forme dans les relations juridiques l'élément le plus essentiel et la condition fondamentale des rapports contractuels reconnus par la loi. Grossièrement interprétée à l'enfance de toutes les législations, dissimulée même le plus souvent derrière le rigorisme des formes dont on l'entoure, elle attend pour s'individualiser et se manifester dans toute sa simplicité et en même temps dans toute son énergie, le progrès des civilisations qui arrive nécessairement à placer au dessus de toute forme et de toute image, l'expression directe et immédiate de la pensée humaine.

L'erreur, ou plutôt le contraire de l'erreur, c'est-à-dire la notion exacte des choses, est à la volonté, au consentement, ce que celui-ci est au contrat lui-même. Elle en est à la fois l'élément le plus important et le plus difficile à apprécier. La violence et le dol en effet, qui correspondent à la liberté dans le consentement, et qui sont tou-

jours des événements extérieurs, peuvent être
l'objet d'une preuve certaine et facile ; mais l'erreur résultant au contraire d'une appréciation intime, d'une direction particulière et secrète de la
pensée de celui qui consent, constituant toujours
en quelque sorte un fait négatif qui émane de celui-
là même qui veut s'en prévaloir, nécessite une
étude minutieuse et abstraite de la volonté dont
elle a faussé l'expression.

Aussi est-ce surtout pour elle que nous rencontrons la nécessité d'une législation déjà avancée,
d'une organisation sociale épurée du formalisme
nécessaire aux peuples qui commencent à se donner des lois et qu'il nous a fallu attendre jusqu'à
la rédaction de nos Codes pour trouver dans la législation civile française et dans ses origines une
théorie presque complète et relativement satisfaisante.

Les Romains avec leur esprit si éminemment juridique et leur science incomparable de déduction,
avaient analysé comme les législateurs modernes
la volonté dans les contrats, et ils avaient cherché
quel rôle devait avoir l'erreur dans une législation
positive. Mais entravés pendant longtemps par la
barbarie de leurs commencements et la rapidité
même de leur civilisation, ils n'avaient pas su la
dégager complétement de la rigueur de forme qui
acompagnait la plupart de leurs contrats.

Il en résulte pour l'étude de l'erreur en droit Romain du vague et de l'incertitude augmentée encore par les dissidences d'écoles et les rivalités de maîtres. Nous n'y rencontrons en effet aucune généralisation des différentes idées appliquées çà et là suivant les espèces particulières soumises aux juristes dont nous commentons les textes ; et Justinien lui-même dans son grand travail d'unification ne lui a fait faire aucun progrès. D'ailleurs, il faut bien le dire, à chaque temps, chaque ré-résultat ; les Romains partis de la rigueur des formes la plus sévère, trop rapprochés de leurs origines pour avoir pu s'en détacher tout à fait, n'ont pas eu le temps de renverser complétement leur passé sur ce point comme ils l'ont fait sur d'autres. Ils nous ont donné sur l'erreur des principes philosophiques et une idée première incontestablement justes et juridiques, il n'appartenait ni à leur temps ni à leurs mœurs d'en faire davantage.

Quant à notre ancienne société française, elle n'a rien produit pour le développement de l'erreur. Elle avait trop à faire dans sa longue transformation politique pour songer à étudier l'influence de la volonté immédiate dans les contrats, et approfondir les subtilités de la théorie des vices du consentement.

Quelques grands esprits en ont fait cependant l'objet d'un travail consciencieux, mais ils n'ont pas montré dans cette partie du droit autant d'activité que dans celles qui touchaient à l'organisation de la société et de la famille, et Pothier lui-même qui a tant fait pour notre droit moderne, s'est presqu'exclusivement borné en notre matière à commenter le droit romain.

C'est aux rédacteurs du Code Napoléon et à l'influence du changement dans la constitution politique qui rendait aux esprits toute leur liberté en les débarrassant des questions sociales, que nous devons une généralisation des principes de l'erreur et une appréciation exacte de la mesure dans laquelle elle doit modifier le rapport d'obligations dont elle fait partie. C'est dans le titre des contrats et des obligations conventionnelles que nous trouvons pour la première fois la base de la distinction entre les nullités absolues et les nullités relatives, de ce qu'on a pu appeler l'erreur obstacle et l'erreur nullité, la détermination autant qu'il était possible de la donner, des qualités sur lesquelles l'erreur devait avoir un effet décisif, les principes de la cause et du motif, et enfin, telle est du moins l'opinion que nous développerons plus tard, la confusion complète à l'état de principe entre l'erreur de droit et l'erreur de fait.

D'autres dispositions disséminées dans le Code parlent aussi d'erreur, mais elles se rattachent toutes à la théorie générale des articles 1108 et s.

Cod. Nap., et nous verrons que le mariage lui-même n'aurait eu besoin que des articles 1108, 1109 et 1110 pour être entièrement organisé en ce qui touche l'erreur sur la personne, et que les articles 146, 180, 181 Cod. Nap. n'en sont qu'une reproduction anticipée.

Peut-être serait-il possible de donner à la volonté dans son expression directe plus d'influence que ne l'a fait le Code, d'idéaliser encore davantage pour ainsi dire le consentement ; d'excellents esprits peuvent le penser avec d'autant plus de raison qu'ils reconnaissent moins que nous l'énorme progrès du Code Napoléon sur le droit romain et sur Pothier dont ils veulent faire son guide nécessaire et perpétuel. Quant à nous, nous croyons que dans l'état actuel de notre législation, les principes de l'erreur tels qu'ils sont posés par le Code, donnent quand on veut s'élever au dessus des détails de rédaction et les comprendre dans leur ensemble, satisfaction complète aux principes de vérité absolue qui dictent et dominent l'influence que doit avoir l'erreur sur les conventions.

En faisant de l'erreur une étude particulière, nous avons eu pour but de grouper systématiquement et dans un ordre logique les différentes formes sous lesquelles elle peut se présenter dans les contrats. Le nombre des erreurs n'est pas

d'ailleurs sans limite, comme on pourrait le croire
d'abord. Nous n'avons pas en effet à embrasser
dans leur ensemble toutes les hypothèses d'inexactitude dans la pensée de ceux dont nous examinons le consentement. L'erreur en matière juridique, et spécialement comme cause de nullité
des contrats, n'a d'intérêt qu'autant qu'elle porte
surl'un des éléments nécessaires à la formation des
contrats et ces éléments sont rigoureusement limi-
tés par le bon sens et par la loi.

Notre travail ainsi restreint présente une certaine utilité à différents points de vue : d'abord
on a souvent contesté à l'erreur ce caractère d'élément négatif mais qui se transforme en élément
positif et nécessaire des conventions, on a voulu
lui donner un rôle purement accidentel et mal
déterminé ; nous espérons établir par la généralisation de nos principes que l'erreur constitue
une théorie complète, inséparable de l'idée du consentement et parallèle à celle du dol et de la violence.

En second lieu, la nature du sujet a fait que le législateur ne l'a pas toujours traité avec une méthode
rigoureuse et qu'il a disséminé çà et là certaines
dispositions dont on veut faire autant de règles
particulières et indépendantes les unes des autres;
nous essaierons de les coordonner, et nous arrive-
rons facilement à démontrer qu'elles dépen-

dent toutes d'une règle plus générale donnée par la philosophie du droit, et dont elles ne sont qu'un reflet et une application.

Nous aurons enfin quand nous nous occuperons de l'erreur qualifiée bonne foi, à examiner certains événements juridiques extrêmement importants, dont la nullité se trouverait entièrement couverte par la seule influence d'une erreur, et nous prendrons partie sur deux des questions qui ont le plus vivement passionné la doctrine et la jurisprudence.

Nous commencerons avec l'article 1108 du Code Napoléon, par le défaut absolu de consentement résultant de l'erreur et nous le comparerons dans ses caractères et ses résultats avec le consentement simplement vicieux. Nous parcourrons ensuite tout ce qui se rattache à un des principaux éléments du contrat, son objet, et nous dirons ce que la loi a entendu par la cause et le motif et quel rang ils occupent dans la théorie de l'erreur. Nous parlerons aussi de l'influence de la personne surtout au point de vue du mariage, et nous aurons à nous prononcer sur quelques difficultés qu'a soulevées l'application de l'erreur de droit.

A un autre point de vue, nous étudierons l'erreur dans ce qu'on appelle la bonne foi, et nous verrons dans quelle mesure elle a pour effet de conserver certaines conséquences juridiques des con-

trats nuls ou annulables en eux-mêmes. Cette seconde face de l'erreur pour ainsi dire, diamétralement opposée à la première dans ses conséquences
et ses résultats, n'est pas moins utile à connaître
et même à approfondir, quoi qu'elle ne présente
pas l'intérêt d'une théorie et qu'on ne puisse la ra-
tacher à aucun principe général.

En droit romain, nous nous bornerons à exposer dans un ordre à peu près semblable à celui que
nous adoptons en droit français, les solutions les
plus probables que nous trouverons sur l'influence
de l'erreur. Le droit romain nous a toujours présenté un grand intérêt historique dans ses traits
généraux et les origines qu'il donne à un nombre
considérable de nos dispositions ; mais nous n'a-
vons jamais pu admettre son utilité à l'état de
science juridique, développée et commentée comme
notre droit français. Nous n'entrerons donc pas
dans les discussions que l'erreur a pu soulever
dans la jurisprudence romaine et à des points de
vue qui pour la plupart ne se retrouvent plus en
droit français ; nous nous contenterons de l'étudier
dans ses caractères principaux et ses solutions les
plus générales, c'est la meilleure introduction à la
fois historique et philosophique que nous puissions
donner à une étude de l'erreur dans la législation
française.

DROIT ROMAIN

I. GÉNÉRALITÉS. — ERREUR DE FAIT. ERREUR DE DROIT.

Les Romains avaient compris comme nous la nécessité d'introduire en matière civile des règles sur l'influence de l'erreur dans les contrats. L'idée philosophique du consentement leur avait fait admettre qu'une volonté inspirée par une notion inexacte de la chose ou de la personne sur laquelle elle porte, ne peut pas entraîner dans les rapports d'obligation toute la plénitude de ses conséquences.

Dans un premier ordre d'idées ils avaient fait de l'erreur une cause d'atténuation de certains effets juridiques résultant des nullités de contrats, et ils en avaient généralisé ce rôle négatif dans ce qu'on peut appeler la théorie de la *bona fides*. C'est à elle que se rattache tout ce que nous avons à dire des *præcsriptiones*, de l'*usucapio longi*

temporis, de l'acquisition des fruits par le possesseur de bonne foi et de l'*erroris causæ probatio*
dans le mariage.

A un autre point de vue essentiellement différent et d'une importance plus considérable, ils
l'avaient envisagée elle-même comme une cause de
nullité et ils étaient partis de ce principe : « Non
videntur, qui errant consentire, » comme d'un
axiome nécessaire en législation. Nous retrouvons
en effet cette pensée d'Ulpien reproduite sous des
formes différentes dans des textes nombreux et on
peut affirmer que la jurisprudence romaine était
unanime sur cette idée fondamentale.

Pour ne prendre que deux exemples, nous
citerons un texte d'Ulpien, la loi 15 au Dig. *De
juris dictione*, liv. II, tit. III dans laquelle il rapporte une opinion de Julien en s'exprimant ainsi :
« .... Cum (*ut Julianus ait*), non consentiant qui
errent. Quid enim tam contrarium consensui est,
quam error, qui imperitiam detegit ? » et une
phrase de Pomponius reproduite au Digeste dans
la loi 20 *de aqua pluviali*, liv. XXXIX, tit. III :
« Sed hoc ita si non per errorem aut imperitiam
deceptus fuerit : *nulla enim voluntas errantis est*. »

L'erreur altère donc le consentement et vient
mettre obstacle au lien juridique qu'il aurait produit ou du moins le modifier sensiblement suivant
sa gravité et la nature spéciale du contrat sur

lequel elle porte. Il ne faut pas, en effet, prendre trop à la lettre les expressions que nous rencontrons chez ces différents jurisconsultes : il serait inexact de dire que l'erreur entraîne la nullité du consentement qui a subi son influence et d'en généraliser l'application comme celle du dol. Il est certain au contraire qu'elle entraîne des effets extrêmement variables en raison des circonstances dans lesquelles elle s'est produite et des faits sur lesquels elle a porté.

La forme du contrat joue également un grand rôle dans l'appréciation qu'on en doit faire, et il n'est pas inutile de considérer aussi par quelles personnes elle a été commise ; l'ensemble des textes eux-mêmes d'où nous avons tiré notre principe sous des formes différentes, nous impose cette manière de voir, en excluant toute règle absolue et toute théorie générale.

L'erreur comme cause de nullité, (nous laisserons pour le moment tout ce qui se rattache à la bonne foi), peut se ramener dans les rapports juridiques à trois modes d'action entièrement différents :

1° Elle agit directement sur le contrat et empêche par sa seule existence la formation du rapport de droit que les parties ont voulu créer ; il en est ainsi quand elle a eu pour objet la forme même du contrat ou l'identité de la chose et quand celle des parties qui s'est trompée vient à reconnaître son erreur avant qu'aucune exécution de la convention n'ait eu lieu ;

2° Elle exerce son influence au moyen de *condictiones* qui mettent indirectement obstacle aux effets de la convention et en vertu d'institutions spéciales. On peut y rattacher les actions données par les Ediles et l'*exceptio doli* dans les cas où elle peut être invoquée ; la loi 18 au Dig. liv. LXI, tit. I, nous donne l'exemple d'une *condictio sine causa* en cas d'erreur sur la forme du contrat ;

3° Elle donne ouverture à une intervention *extraordinaire* du magistrat qui constitue ce qu'on appelle la *restitutio in integrum*. Ces *restitutiones* s'appliquent surtout aux actes de procédure faits ou omis imprudemment, ou aux conventions passées avec certaines personnes avec un *falsus tutor* par exemple (loi I, § 6, *quod falso* liv. XXVII, tit. VI au Dig.). Elles sont réservées le plus souvent dans leur mécanisme général à certains incapables dont les fautes méritent une faveur exceptionnelle.

En résumé, elle a pour effet dans certains cas de modifier exceptionnellement les conséquences régulières des faits juridiques. Dans d'autres hypothèses elle résulte de la règle même qui exige une connaissance exacte des choses pour la formation du contrat et l'annule directement. Enfin, elle ne fait pas partie immédiate de cette règle et n'étant plus une condition indispensable à la formation du contrat elle ne produit que des effets indirects.

L'erreur de droit ne peut pas être complétement assimilée à l'erreur de fait : elle s'en sépare au contraire sous quelques points de vue utiles à connaître. Toutes deux sont dominées par un principe beaucoup plus général et auquel on doit ramener toutes les difficultés d'appréciation qu'elles peuvent soulever, c'est le principe de *l'excusabilité* et de *l'inexcusabilité*.

L'erreur, soit de droit soit de fait, doit être avant tout excusable et on doit l'exclure toutes les fois qu'elle résulte d'une grande négligence. Renfermant en elle-même quand elle est prise en considération, une pensée de faveur et d'indulgence de la part de la loi, les Romains avaient voulu que cette faveur fût au moins méritée et ils en avaient prononcé l'exclusion quand un peu de diligence ou d'attention aurait suffi pour montrer les choses aux parties dans leur vérité. Nous rencontrons dans plusieurs lois des applications de ce principe important (loi 3, § 1, loi 6, loi 9, § 2, loi 2, § 2, liv. XI, tit. I.) (Loi 15, § 1, liv. XVIII, tit. 1.)

Certaines personnes, par une disposition toute de faveur, restaient cependant en dehors de la règle générale ; c'étaient les femmes, les soldats, les mineurs et les paysans. Considérées comme d'une intelligence médiocre des affaires, on présumait plus facilement chez elles l'excusabilité de l'erreur, surtout de l'erreur de droit. Nous devons dire du reste que c'était surtout en matière de procédure et dans les *omissiones* accompagnées de déchéances (*omissio* du délai de 100 jours, par exemple, accordé pour réclamer la *bonorum possessio*) que ces différentes personnes constituaient véritablement une classe à part.

L'erreur de fait doit donc pour profiter à celui qui l'a commise être excusable (1) ; aussi ne peut-on en principe du moins, invoquer une erreur sur ses faits personnels et sa propre capacité de droit ou de fait, car il y a là une négligence énorme et indigne de toute protection. « Sed id quod quis suum esse existimaret, possederit, usucapiet , etiamsi falsa fuerit ejus existimatio : quod tamen ita interpretandum est, ut probabilis error possidentis usucapioni non obstet, veluti si ob id aliquid possideam quod servum meum, aut ejus cujus in loco hereditario jure successi, emisse id falso existimem *quia in alieni facti ignorantia tolerabilis error est.* » « Si quelqu'un, nous dit le jurisconsulte Nératius dans la loi 5, § 1, (Liv. XLI, tit. I au Dig.), « possède une chose qu'il croit sienne, il

---

(1) *Justus, probabilis error, justa ignorantia* (loi 5, § 1, *pro suo* liv. XLI, tit. X, au Dig.).

« l'usucapera quand même il se tromperait : ce qui
« doit être entendu cependant d'une erreur excusa-
« ble, comme par exemple s'il a possédé une chose
« qu'il croyait avoir été achetée par son esclave ou
« par celui de la personne dont il a été l'héritier,
« parce qu'on doit admettre *l'erreur portant sur*
« *le fait d'autrui.* » Nous rencontrons une décision
du même genre dans la loi 7 *ad* S.C. *Velleianum*
(liv. XVI, tit. I, au Dig). qui reproduit un texte
de Papinien.

Nous trouvons dans la loi 2, § 7, *de jure fisci*
(liv. XLIX, tit. XIV), une exception à cette règle,
précisément en faveur des personnes dont nous
avons parlé tout à l'heure, exception qui confirme
aussi en termes formels la décision de Papinien
que nous venons de donner : « Complura sunt
rescripta principalia, quibus cavetur non obesse
errorem cuiquam, quod *ignarus juris sui ipse se
detulerit.* Sed extat eorumdem principum rescri-
ptum, ex quo videtur posse defendi, ita demum
non nocere cuiquam se detulisse, sic a persona sit,
quæ ignorare *propter rusticitatem vel propter
sexum fœmininum jus suum possit.* »

Remarquons que nous pouvons voir d'après ces
exemples même, une différence entre l'erreur
de fait et l'erreur de droit, car l'erreur sur soi-
même, l'erreur sur sa propre capacité ne se conçoit
guère qu'à l'état d'erreur de droit, et d'erreur

inexcusable ; l'erreur de fait au contraire, qui est presque exclusivement applicable à une personne étrangère, n'aura pas nécessairement le même caractère de gravité et se présumera plus facilement.

Nous voyons même dans la loi 29, § 1, *mandati vel contra* (Liv. XVII, tit. I, au Dig.) que l'erreur de droit pure et simple ne pourra pas être invoquée par le *fidejussor* qui n'étant pas efficacement obligé aura payé le créancier, pour exercer contre le débiteur l'action *mandati contraria*. « Si quidem *factum* ignoravit, recipi ignorantia ejus potest : si vero *jus*, aliud dici debet. » Il n'aurait donc le droit d'exercer l'action *mandati contraria* que si son erreur se trouvait provoquée par un dol. Mais l'erreur de droit elle-même, si excusable qu'elle soit, le laisserait sans aucun recours.

La différence principale que nous avons à signaler entre l'erreur de fait et l'erreur de droit, c'est que la négligence ne peut jamais dans le premier cas être l'objet d'une présomption pas plus que la mauvaise foi. La preuve de l'erreur de fait entraîne avec elle une présomption de diligence qui n'est pas invincible il est vrai, mais qui dispense celui qui l'invoque d'une seconde preuve souvent fort difficile à faire. On conçoit facilement qu'il n'en soit pas de même pour l'erreur de droit. La connaissance de la loi doit toujours être présumée

et c'est à celui qui veut se prévaloir de son ignorance, à établir qu'il a eu de justes raisons pour en
méconnaître les prescriptions. Il n'en est ainsi
d'ailleurs qu'autant qu'il s'agit d'une disposition
légale certaine ; tous les exemples que nous donnent les textes présentent ce caractère. (Loi 10, *de
bonorum possessionibus*, liv. XXXVII, tit. I, au Dig.)

Tout se résume donc encore, il faut bien le dire,
dans une question d'excusabilité résultant de ce
que la loi qui a fait l'objet de l'erreur, ou au
moins l'opinion du jurisconsulte sur laquelle a
porté l'ignorance, est un fait plus ou moins certain,
plus ou moins reconnu en jurisprudence. Nous
pouvons citer à titre d'exemple d'erreur de droit
sur une opinion de jurisconsulte, la question con-
troversée entre les Sabiniens et les Proculéiens de
savoir si le legs fait sous une condition impossible
devait être déclaré nul (Gaïus, liv. III, par. 98).
On suppose un légataire mis en possession de ce
legs et on se demande si un Prêteur Proculéien
devrait lui permettre l'*usucapio pro legato*. Il est
certain que l'erreur commise par le légataire sur
l'opinion des Proculéiens ne l'empêchera pas de
bénéficier de l'*usucapio pro legato* que les Sabiniens
admettaient comme conséquence de leur principe
de la validité du legs fait sous une condition impossible. Il en eût été de même pour l'*usucapio pro
suo* appliquée à l'usufruitier qui aurait recueilli

comme siens, et conformément à l'une des deux doctrines, les enfants nés de la femme esclave dont il avait l'usufruit. (Loi 68, *de usufructu*, liv. VIII, tit. I, au Dig.) Ces deux hypothèses n'ont plus d'application depuis Justinien qui dans les deux cas a consacré l'opinion admise par l'école Sabinienne, et si l'erreur était venue à se produire depuis la publication des Pandectes, elle n'eût peut-être plus été excusable.

Telles sont les idées générales que nous rencontrons sur l'erreur dans la jurisprudence romaine : modification plus ou moins considérable du rapport juridique qu'elle affecte, sans distinction d'ailleurs entre l'erreur de droit et l'erreur de fait ; de part et d'autre un principe général et commun celui de l'excusabilité comme condition essentielle de l'admissibilité de l'erreur ; des conséquences propres à la nature particulière de chacune de ces deux erreurs ; pour l'erreur de fait une présomption de diligence quand l'erreur est grave et nettement établie ; pour l'erreur de droit une présomption de négligence parce que d'une part l'erreur est plus difficile à admettre quand elle s'attaque au droit, et que son ignorance constitue toujours au moins une présomption de faute, quand il s'agit d'une disposition certaine et acceptée par la majorité des auteurs, en nombre ou en crédit d'après des distinctions et des classes créées par les Empereurs eux-mêmes. (1).

Nous ne trouvons rien de particulier à signaler sur l'organisation générale de l'erreur au point de vue des contrats où nous allons exclusivement l'étudier. Les idées générales d'excusabilité et de présomption de faute que nous venons d'analyser sommairement, recevront une entière application, et nous n'aurons à indiquer entre l'erreur de droit et l'erreur de fait d'autres différences que celles dont nous avons parlé comme conséquences de ces mêmes idées. Il nous suffira d'ailleurs de les avoir généralisées une première fois pour n'avoir plus à revenir sur chacune des particularités de l'erreur que nous allons successivement examiner.

Le principe de l'influence de l'erreur sur les

(1) On a voulu voir dans le fondement de la *condictio indebiti* une autre différence entre l'erreur de fait et l'erreur de droit. Cujas (opp. VII. 895) pense que l'erreur de droit ne peut pas servir de base à la *condictio indebiti* ; il s'appuie sur ce que l'erreur étant une faveur fondée sur l'excusabilité, et l'erreur de droit n'était pas réputée excusable, ne peut pas bénéficier de ce secours tout exceptionnel. D'ailleurs Justinien semble admettre cette idée en donnant aux femmes un droit de répétition en vertu du sénatus - consulte Velléien et en n'étendant pas ce droit à tout paiement de l'indu. Voy. en ce sens. Donneau I, 21, § 12 et 18; XIV. 14, § 5 à 10. Voët XII, 6, tome VII. Savigny, tome III, traité de droit romain, appendice VIII. n° 35.

Nous pensons avec Muhlenbruck p. 420-421 que l'erreur de droit, du moment où elle est excusable, peut donner lieu à la *condictio indebiti*. L'erreur de droit peut toujours être invoquée pour écarter une perte et on ne peut pas s'enrichir aux dépens d'autrui.

contrats en droit romain est en effet posé d'une manière générale et sans distinction entre l'erreur de droit et l'erreur de fait dans un texte de Pomponius qui forme la loi 57, *de obligationibus et actionibus*, liv. XLIV, tit. VII au Dig :« In omnibus negotiis contrahendis, sive bona fide sint, sive non sint, si error aliquis intervenerit, ut aliud sentiat, puta qui emit aut qui conduxit, aliud qui cum his contrahit, *nihil valet, quod acti sit.* Et idem in societate quoque coeunda respondendum est ; ut, si dissentiant, aliud alio existimante, *nihil valaet ea societas quœ in consensu ronsistit.* » « Dans tous les contrats, qu'ils soient ou non de bonne foi, s'il se glisse une erreur telle que celui qui par exemple achète ou prend à loyer a en vue une autre chose que son co-contractant, ce qui a été fait *ne vaudra rien.* Et il en sera de même dans la formation d'une société, lorsque les parties auront réciproquement en vue une chose différente et la société *n'aura aucune existence* car elle ne peut se former qu'autant qu'il existe un consentement. »

La règle établie par le texte de Pomponius généralise comme nous le voyons, l'application de l'erreur à tous les contrats, pourvu que l'une des parties parvienne à en établir l'existence à son préjudice. Il est à remarquer qu'il ne prévoit qu'une des formes multiples sous lesquelles elle se présente. Aussi n'en voulons-nous pas tirer un principe absolu. Si nous l'avons choisi pour la base de nos développements et leur point de départ, c'est qu'il s'occupe du caractère de l'erreur le plus vaste et le plus général, l'erreur *in ipso corpore* et l'erreur sur la forme même du contrat et que l'hypothèse qu'il envisage constitue au premier chef ce qu'on appelle en droit romain l'*error essentialis* par opposition à l'*error concomittans*.

Il ne distingue pas non plus entre l'erreur de fait et l'erreur de droit ; il n'avait pas à en parler, au point de vue où il se place, et c'est dans les lois 7 et 8 *de juris et facti ignorantia*, liv. XXII, tit. 6, au Dig. que nous retrouvons notre principe que l'erreur de droit, comme l'erreur de fait est une cause de nullité des contrats : « Juris ignorantia non prodest acquirere volentibus, suum vero petentibus non nocet; celerum omnibus juris error in damnis rei suæ amittendæ non nocet. » L'erreur de droit d'après Papinien ne peut donc pas plus être la source d'un bénéfice, d'une acquisition, que la cause d'une perte et tout le monde peut s'en prévaloir pour éviter une diminution dans sa fortune.

Tel est le principe net et précis posé par le jurisconsulte romain. Nous n'hésitons pas, en tenant compte toutefois des idées générales que nous avons développées, à en tirer une solution absolue, pour toutes les conventions où l'erreur est possible, et nous ne nous occuperons désormais que de l'erreur sans dénomination de fait ni de droit; nous pensons avoir suffisamment établi . que la jurisprudence romaine n'était pas entrée sur ce point dans des distinctions plus profondes, et qu'en dehors de la théorie de l'excusabilité elle avait traité ces deux espèces d'erreurs avec une égale faveur.

II. — ERROR ESSENTIALIS VEL CONCOMITTANS. ERREUR SUR LA CHOSE MÊME, IN IPSO CORPORE, ET SUR LA FORME DU CONTRAT.

C'est à cette distinction entre l'*error essentialis* erreur essentielle et l'*error concomittans* erreur accidentelle, que se rattache la division la plus importante de l'erreur en droit romain. Il serait peut-être utile de grouper autour de ces deux idées qui se touchent de si près, et se séparent cependant par de si grandes différences, toutes les espèces d'*erreur* et de contrats qui ont une importance historique pour le Code Napoléon. Mais la difficulté pour ne pas dire l'impossibilité de poser des principes généraux qui donnent le caractère de ces deux espèces d'erreur et de leur influence dans les différents contrats nous détermine à adop-

ter un système d'examen moins méthodique et
qui reposera uniquement sur l'étude successive
des différentes sortes d'erreur possible dans les
conventions. Nous y gagnerons en clarté et nous
resterons davantage dans le but que nous nous
sommes proposé de rechercher en droit romain
les sources de la théorie de l'erreur en droit
français pour lui donner une base à la fois historique et philosophique.

Cependant, certaines erreurs qui par leur
nature sont absolument incompatibles avec toute
idée de consentement valable peuvent être généralisées et on doit les considérer comme essen—
tielles sans distinction des contrats dans lesquels
elles ont pu se produire : ce sont l'erreur sur
l'identité de la chose qui est l'objet du contrat et
celle qui touche à l'intention des parties ou la forme
du contrat.

Lorsque je stipule de vous la maison A et que
vous me répondez *spondeo* dans la pensée qu'il
s'agit de la maison B, il n'y a en réalité aucun
consentement, ou du moins le vice qui l'affecte est
tellement essentiel que malgré le rigorisme de la
stipulation on ne peut pas voir en lui la formation
du lien des droit que les parties voulaient créer.
C'est ce que décide aussi formellement que possible
la loi 57 *de obligationibus et actionibus* dont nous
avons eu à parler en commençant. Cette décision

s'imposait d'elle-même, et nous n'avons à la tempérer par aucune considération de forme ou de caractère du contrat dans lequel elle prend naissance ; si ce n'est dans les contrats formés *re* où précisément elle devient impossible parce qu'une pareille erreur ne peut pas s'y concevoir. Nous en dirons autant de l'erreur sur la forme ou la nature du contrat, erreur qui vient aussi énergiquement que la précédente saper dans sa base le contrat que les parties ont eu l'intention de former et les obligations auxquelles elles ont voulu donner naissance. Nous trouvons la justification de cette décision dans un texte d'Ulpien, la loi 18, *de rebus creditis, si certum petatur et de condictione*, liv. XII, au Dig. tit. I. Le jurisconsulte romain qui rapporte dans ce texte une décision de Julien suppose qu'un individu a remis à un autre une somme d'argent avec la pensée de lui faire une donation, et que l'autre l'a reçue à titre de *mutuum*, et il déclare dans les termes suivants que la donation n'aura aucun effet:
« Si ego pecuniam tibi quasi donaturus dedero, tu quasi mutuam accipias. Julianus scribit donationem non esse ».

Il ne faudrait pas croire cependant comme semble l'indiquer la fin du texte, que la tradition qui a eu lieu ne produira aucun effet et que le vice du consentement laissera les parties dans leur liberté naturelle sans faire produire à cette tradition certaines conséquences juridiques. Nous aurons dans le contrat qui vient de se passer, deux choses à distinguer : le contrat en lui-même, le rapport d'obligations, et le transport de la propriété. Or, si aucun consentement n'existe véritablement pour la formation du contrat, il n'y a pas moins un point sur lequel nous sommes d'accord, le transport de la propriété; les contrats de donation et de *mutuum* étant deux contrats qui se forment *re*, qui transportent la propriété par la tradition, cette propriété aura été véritablement transmise au moment du contrat. Notre texte à la vérité, ne donne pas explicitement cette solution et se contente de dire *donationem non esse*, c'est - à - dire qu'il n'y aura pas donation, mais nous pouvons ajouter qu'il n'y aura pas *mutuum* proprement dit, puisque le donateur lui-même n'a pas voulu obliger celui qu'il voulait faire donataire, *quasi ex mutui causa*, et acquérir une *condictio certi* ; il n'y aura qu'un transport de propriété fait sans cause puisqu'il n'a eu pour but ni un contrat à titre onéreux dans la pensée de l'une des parties, du donateur, ni un contrat à titre gratuit dans la pensée de l'autre partie, du donataire.

Le même Julien exprime cette idée en prenant précisément encore l'exemple de *mutuum* et de la donation, et il s'exprime ainsi : « Cum in corpus quidem quod traditur consentiamus in causis vero

2

dissentiamus, non animadverto, cur inefficax sit traditio ; veluti si ego credam, me ex testamento tibi obligatum esse, ut fundum tradam, tu existimes ex stipulatu tibi eum deberi. Nam et si pecuniam numeratam tibi tradam *donandi causa*, tuam *quasi creditam* accipias, constat, *proprietatem ad te transire* nec impedimento esse, quod circa causam dandi atque accipiendi dissenserimus ». (Loi 36 au Dig. liv. XLI, tit. I).

Nous voyons donc que Julien nous donne ici sa pensée complète et qu'il généralise la règle dont l'hypothèse de la donation et du *mutuum* n'est qu'une application. « Lorsque, dit-il, nous sommes d'accord sur la chose qui fait l'objet d'une tradition, mais que nous ne le sommes pas sur la cause de cette tradition, je ne vois pas pourquoi la tradition demeurerait sans effet ; par exemple, si me croyant obligé à te livrer un fonds en vertu d'un testament, tu le reçois comme si je te le livrais en vertu d'une stipulation ; car si je te compte de l'argent pour te le donner et que tu le reçoives à titre de *mutuum* il n'y a pas de raison pour repousser le transport de propriété parce que nous n'avons pas été d'accord sur la cause de la tradition ».

Nous avons dit tout à l'heure qu'il n'y aurait même pas *mutuum* dans notre hypothèse ; nous en trouvons la preuve dans la suite de la loi 18 où Julien nous donne une opinion d'Ulpien, en exprimant ensuite sa propre pensée ; laquelle loi a du reste donné lieu à une petite difficulté née de son rapprochement avec la loi 36 déjà citée.

Après avoir donné l'opinion de Julien qui décide qu'il n'y aura pas donation, Ulpien ajoutait . « Sed an mutua sit ? videndum. Et puto nec mutuam esse, magisque nummos accipientis non fieri quum alia opinione acceperit. Quare si eos consumpserit, licet condictione teneatur, tamen doli exceptione uti poterit quia secundum voluntatem dantis nummi sunt consumpti. » Y aura-t-il *mutuum ?* Non, répond Ulpien, *magisque nummos accipientis non fieri* ajoute-t-il, puisque les écus ont été reçus dans une autre pensée.

Il semble au premier abord, que dans la pensée d'Ulpien, la propriété des écus n'est même pas transférée, « *que les écus n'appartiendront même pas à celui qui les recevra* ». Mais telle n'est certainement pas la pensée du jurisconsulte, qui tombe parfaitement d'accord avec Julien dont nous avons donné l'opinion tout à l'heure, pour considérer la propriété comme transférée par le seul fait d'un accord de volontés sur la tradition en elle même et sans tenir compte des deux pensées respectives qui ont attribué à cette translation une cause différente. Nous en trouvons la preuve dans la suite du texte : *quare si eos consumpserit licet condictione teneatur...* Nous voyons en effet que si les écus livrés dans l'hypothèse que nous indiquons, ont été consommés, Julien décide que l'*accipiens* sera néanmoins tenu *condictione*. Or nous savons que la *condictio* est une action personnelle par laquelle on réclame à une personne une somme ou une chose certaine en prétendant que cette personne est obligée à nous en transférer la propriété, et qu'elle est prise par opposition à l'action en revendication qui elle, au contraire, caractérise le droit du propriétaire sur sa chose, et par laquelle il la poursuit partout où il peut la rencontrer. Dès lors ce que nous venons de dire de l'effet d'une tradition dans le cas de dissentiment sur la cause, se trouve pleinement justifié par les deux textes de Julien et d'Ulpien qui loin d'impliquer contradiction, consacrent au contraire un seul et même principe.

Quant à l'explication de ces mots *magisque num mos accipientis non fieri quum alia opinione acceperit*, elle est facile à donner. Ulpien indique tout simplement cette idée, que le *tradens* ayant eu la pensée de faire une donation et l'*accipiens* de recevoir un *mutuum*, l'*accipiens* ne sera même pas obligé à titre de *mutuum*, la propriété ne lui aura pas été transférée avec cette particularité qu'elle résulte d'un *mutuum* et donne lieu à une *condictio certi*. Il n'aura pas été investi de la propriété au titre qu'il pensait, il l'aura été *sans cause*. La pro-

priété transférée ne laisse pas d'ailleurs le *tradens*
dépourvu de tout secours; il n'aura à la vérité ni
revendication, ni *condictio ex mutui causa*, mais il
aura une autre *condictio* que le texte d'Ulpien
s'abstient de qualifier, et qui sera évidemment
une *condictio sine causa*, par laquelle il prétendra
que la propriété a bien été réellement transférée,
mais qu'elle ne l'a pas été définitivement puisqu'elle l'a été sans cause.

D'ailleurs il ne pourra exercer cette action avec
succès qu'autant que les écus se trouveront encore
dans les mains de *l'accipiens*. Si celui-ci les a consommés de bonne foi, il pourra aux termes même
de la loi 36 lui répondre par une exception de dol,
*quoniam secundum voluntatem dantis, nummi con-
sumpti sunt :* Il y aurait en effet un dol de la part du
tradens à réclamer la somme d'argent livrée à
l'accipiens et consommée par lui, alors qu'il l'a
lui a livrée à titre de donation et en excluant de sa
pensée toute idée de restitution.

III. — ERREUR SUR LA CAUSE ET LE MOTIF.

L'erreur sur la cause ou le motif qui porte les
parties à contracter, ne nuit pas en général à la convention, et il n'y a pas à distinguer si l'erreur a été
particulière à l'une des parties ou au contraire

commune à toutes les deux. Il peut y avoir il est vrai, de la part de celui qui consent à contracter avec moi en connaissant la fausseté du motif qui me porte à m'obliger, un acte condamné pour la conscience ; mais il ne peut pas servir de base à la nullité d'un contrat : il est de principe que les simples motifs de quelque manière et chez quelques personnes qu'on les rencontre, ne tombent pas sous l'application de la loi juridique. Nous trouvons plusieurs exemples de cette règle dans deux textes, l'un de Pomponius, l'autre de Paul, qui forment la loi 52 et la loi 65 au Digeste, livre XII, tit. 6, *de condictione indebiti*. Loi 52 : « Damus aut ab causam, aut ob rem. Ob causam præteritam, veluti cum ideo do, quod aliquid a te consecutus sum, vel quia aliquid a te factum est, ut etiamsi falsa sit causa, repetitio ejus pecuniæ non sit. » « Je vous donne quelque chose dans la pensée que vous m'avez vous-même fait une donation ou rendu tel autre service ; quoique cette cause se trouve fausse, il n'y aura cependant pas lieu à répétition : Loi 65, § 2 : « Id quod ob causam datur, puta quod negotia mea adjuta ab eo putavi, licet non sit factum, quia donare volui, quamvis falso mihi persuaserim, repeti non potest. » Ce texte reproduit exactement la même idée fort juste d'ailleurs, que nous étendons à toutes les hypothèses où le motif a pu jouer un rôle dans la volonté de celui qui contractait. J'achète, par exemple, un cheval parce que je crois que le mien est mort ; je fais acquisition d'un jardin parce que je me crois le voisin de tel ou tel, etc.

Nous avons dit qu'il importait peu que l'autre partie ait eu connaissance de mon erreur et m'ait laissé contracter avec elle sans me prévenir; nous avons supposé bien entendu qu'elle s'était contentée en quelque sorte d'un rôle passif, qu'elle avait gardé pour elle la connaissance qu'elle avait du fait sur l'existence duquel, existence qui constitue mon erreur, je fondais ma volonté de contracter. Il en serait tout autrement si elle avait agi activement pour ainsi dire, et m'avait elle-même induit en erreur en me trompant sur le motif de mon consentement. J'aurais dans une semblable hypothèse une *exceptio doli* à lui opposer au moment où elle exigerait l'exécution du contrat, ou même une action directe de dol pour l'annuler, si le contrat avait déjà reçu son exécution.

Nous devons cependant signaler une exception importante à ce principe, exception qui se rapproche beaucoup de ce que nous appellerons en dro français *l'erreur sur la cause* par opposition à *l'erreur sur le motif.*

Si dans la généralité des cas, et dans le plus grand nombre d'espèces, l'erreur sur le motif n'a pas

d'influence sur la convention, il en est différem-
ment quand le contrat est conclu en considération
d'une obligation en vertu de laquelle on se croyait
débiteur d'une personne, tandis que cette obligation
n'existait pas. Par exemple, me croyant grevé du
legs d'une maison, je consens à faire novation avec
le légataire soit parce qu'il préfère une somme d'argent, soit parce que moi-même je désire garder la
maison et je lui promets en conséquence une
somme représentative de la valeur de son legs. Mais
si je viens ensuite à découvrir soit un autre testament, soit un codicille qui révoque le legs en vue
duquel j'ai fait la donation, la loi 5, au D. liv. XIX,
tit. I. *de actionibus empti et venditi* décide que
ma promesse de payer la somme est nulle à tel point
que je puis même la répéter en cas de paiement « si
falso existimans (heres) se damnatum dare, promisis-
set, agentem doli mali exceptione summoverit. Pomponius etiam incerti condicere eum posse ait, ut
liberetur, (Loi 5, par. 1er in fin. Paulus ad Sabinum) ».

Les principes que nous étudierons en droit
Français nous donneront d'une manière générale et systématique la différence entre ces deux
sortes d'erreur qui forment deux classes complétement distinctes et qu'il importe d'étudier
séparément. Sans entrer dans leur étude abstraite,
nous pouvons dès maintenant constater dans la jurisprudence romaine l'origine de ces différences; elles

ne se présentent encore qu'à titre particulier en quelque sorte et exceptionnel, la généralisation devait en appartenir aux rédacteurs du Code Napoléon.

Nous avons parlé dans notre première partie, de l'erreur sur l'identité de la chose et nous avons décidé avec la loi 57, liv. XLIV, tit. VII, au Dig. que cette erreur entraînait une nullité absolue à l'égard de toutes les parties et dans tous les contrats. Nous trouvons dans la loi 34, au Dig. liv. XVIII, tit. I, *de contrahenda emptione* une hypothèse qui pouvait faire doute et que le jurisconsulte Paul tranche dans le sens de la validité du contrat : « Si in emptione fundi dictum sit, accedere Stichum servum, neque intelligatur quid ex pluribus accesserit, quum de alio emptor, de alio venditor senserit, nihilominus fundi, venditionem valere constat. » Paul suppose dans cette loi qu'un fonds a été vendu et que l'esclave Stichus a été compris dans la vente du fonds. Il se trouve que le vendeur ayant plusieurs esclaves du nom de Stichus, sa volonté a porté sur l'un d'eux tandis que celle de son acheteur se portait sur un autre. Nous avons là une véritable erreur sur l'identité même, non pas de la chose qui forme l'objet de la vente, mais de l'une de ces choses seulement. Paul décide que la vente du fonds sera néanmoins valable, car l'esclave n'a pas été l'objet principal de la vente; il n'y a été compris que comme accessoire du fonds dont l'identité seule doit être prise en considération. Quant à la question de savoir sur lequel des deux esclaves aura porté le contrat de vente accessoire, sur celui que le vendeur avait eu en vue ou sur celui au contraire qu'avait envisagé l'acheteur, c'est Labéon qui nous donne la réponse dans la même loi et dans les termes suivants: « eum Stichum deberi quem venditor intellexerit; nec refert quanti sit accessio sive plus in ea sit *etc.* » C'est sur l'esclave que le vendeur comprenait dans la vente que portera le contrat, car l'identité de la chose étant la même pour les deux parties, c'est celle dont dépend l'accessoire, c'est-à-dire le propriétaire, le vendeur, qui doit le fixer ; et une fois cet accessoire déterminé, il ne dépend plus d'une erreur de l'acheteur de le modifier, pas plus que cette erreur n'entrave la formation du contrat lui-même dans son ensemble.

On peut du reste ajouter d'après les principes, ce que Labéon ne dit pas, que dans l'hypothèse de plusiéurs esclaves Stichus se trouvant être la propriété du vendeur, il y a de sa part obligation de livrer une chose dans un genre déterminé, un *genus* et c'est par conséquent à lui débiteur que le choix appartient exclusivement (Molitor, *Obligations en droit romain*, tome I, n° 100, pag. 138).

IV. — Erreur sur la matière — sa substance et ses qualités — distinction entre les contrats commutatifs et les contrats unilatéraux.

Nous arrivons maintenant à l'erreur sur la matière, à l'erreur portant sur la chose qui fait l'objet du contrat sans l'attaquer dans son identité même, mais en la modifiant dans ses qualités soit substantielles, soit accidentelles.

Nous avons tout d'abord à établir une distinction entre les différentes espèces de conventions ; et nous examinerons d'une part la vente et les contrats commutatifs, d'autre part les conventions unilatérales qui ont pour type les stipulations, d'où ne dérive jamais qu'une seule obligation, celle du promettant au profit du créancier qui a stipulé.

Dans la vente et les autres contrats commutatifs, l'erreur sur la matière est une cause de nullité en tant qu'elle porte sur une qualité essentielle de la chose. Le jurisconsulte Ulpien dans la loi 9, § 2, au Dig. liv. XVIII tit I, *De contrahenda emptione*, nous donne une application curieuse de cette règle que l'erreur n'annule la vente qu'autant qu'elle porte sur la substance même de la chose qui en fait l'objet et il en tire un principe général et applicable dans tous les cas où cette erreur se sera présentée, *Aliud pro alio venisse videtur*. Ulpien, après avoir examiné dans cette loi les différentes conditions du consentement au point de vue de l'erreur, arrive à son paragraphe 2 et nous en donne l'exemple suivant : « Si in ipso corpore non erretur, sed in substantia error sit, ut puta si acetum pro vino veneat, æs pro auro vel plumbum pro argento, vel quid aliud argento simile, an emptio et venditio sit? Marcellus scripsit libro sexto Digestorum emptionem esse et venditionem quia in corpus consensum est etsi in materia sit erratum. Ego in vino quidem consentio *quia eadem prope* οὐσία *est, si modo vinum acuit ; ceterum si vinum non acuit sed ab initio acetum fuit,* ut embauma, *aliud pro alio* venisse videtur. In ceteris autem nullam esse venditionem puto, quoties in materia erratur ». « On a vendu, suppose Ulpien, du vinaigre pour du vin, de l'airain pour de l'or, du plomb pour de l'argent, ou autre chose ressemblant à l'argent, et il se demande si la vente sera valable. Marcellus, répond-il, a écrit dans son sixième livre au Digeste que la vente sera formée parce qu'il y a eu consentement sur la chose *in corpore*, sur son identité, et quoiqu'il y ait eu erreur sur la matière, c'est-à-dire sur la substance de la chose. Quant à moi, je partage son avis ; si pour acheter du vin on a acheté du vin devenu vinaigre ; mais si le vinaigre acheté pour du vin a toujours été tel et n'a jamais été du vin, si c'est du vinaigre de bois par exemple, *aliud pro alio venisse videtur*, il semblera qu'on a acheté une chose pour une autre. Dans toutes les autres hypothèses, contrairement à l'opinion de Marcellus, je décide que la vente sera nulle si on s'est trompé sur la matière. »

On voit par ce texte qu'un principe de nullité aussi éminemment juste avait cependant rencontré de la résistance dans le rigorisme Romain, résistance caractérisée par la décision de Marcellus qui n'accepte la nullité qu'autant que l'erreur porte sur la chose en elle-même, *in corpore*. Ulpien moins sévère que Marcellus, et dont l'opinion se trouve consacrée par Justinien puisque c'est elle qui est reproduite au Digeste, se place à un point de vue plus avancé en quelque sorte, et donne une décision qui a été généralisée dans les législations modernes, après avoir été déjà reproduite par Pothier (*Obligations*, n° 17 et s.).

Il fait d'ailleurs à l'opinion de Marcellus une concession discutable en elle-même au point de vue des principes philosophiques, mais que nous ne trouvons pas reproduite dans l'esprit de notre législation actuelle ; il maintient le contrat, si le vinaigre vendu pour du vin a été primitivement du vin ; il n'en prononce la nullité qu'autant que le vinaigre a toujours été tel et n'a jamais participé d'une manière plus ou moins complète à la nature de l'objet sur lequel les parties

faisaient porter leur convention de vente. C'est là,
nous le répétons, une subtilité qui pouvait trouver
place dans une législation où on tenait si peu compte
de la pensée exacte des cocontractants; elle consacre une bizarre distinction, et nous ne pouvons
concevoir avec l'habitude que nous avons de nous
référer toujours à la commune intention des parties; que du vinaigre puisse être davantage considéré comme du vin suivant sa provenance et la
cause de sa formation.

Nous trouvons au même titre et dans la loi 41,
une autre application de l'erreur sur la substance,
application donnée par Julien et bien plus hardie
que celle d'Ulpien; et qui serait peut-être susceptible à notre sens de faire doute sous l'empire du
Code Napoléon. Elle ne devrait, dans tous les cas,
recevoir une solution favorable à la nullité, qu'autant que les circonstances de fait viendraient établir d'une manière bien certaine la commune intention des parties : « Massam argento coopertam
mihi ignoranti pro solida vendidisti imprudens;
nulla est emptio, pecuniaque eo nomine data con-
dicetur ». « Sous l'empire d'une erreur commune,
nous avons, vous acheté, moi vendu un objet en
or qui se trouve être creux au lieu d'être plein
comme nous le pensions. La vente est nulle et
l'argent donné à ce titre sera l'objet d'une condic-
tion. » C'est là, nous le répétons, une décision

extrêmement hardie au point de vue de la législation Romaine; elle confirme de la manière la plus
énergique ce que nous avons déjà trouvé dans
Ulpien, c'est-à-dire que la vente sera nulle, quand
l'erreur portera sur une qualité de la chose telle,
que cette qualité puisse servir à caractériser la
nature même, l'usage de la chose, quand nous aurons ce qu'on appelle en droit français une erreur
sur la substance.

La loi 11 du même titre contient encore une décision d'Ulpien qui se rattache à notre matière.
Cette décision n'a rien de particulier et rentre dans
notre règle générale. Le jurisconsulte Romain suppose que voulant acheter une femme esclave, j'ai
acheté un jeune garçon que je prenais pour une
femme; la différence de sexe constitue une erreur,
sur la substance. Il n'en serait pas de même si
croyant acquérir une jeune esclave encore vierge,
je me trouvais avoir acheté une esclave déjà
femme. On comprend très-bien cette différence ;
une erreur de cette nature ne porte que sur les
qualités accidentelles de la chose qui faisait l'objet
de la vente.

Les Romains, c'est encore Ulpien qui nous
le dit dans la loi 9 au même titre, rattachaient à
l'erreur sur la chose, l'erreur sur le prix et ils en
tiraient une nullité du contrat. C'est ainsi qu'Ulpien nous dit dans le *principium* de la loi 9 :

« Ceterum sive in ipsa emptione dissentiant sive in pretio, sive in quo alio, emptio imperfecta est. » Il faut supposer bien entendu que les parties sont convenues d'un certain chiffre et sont tombées d'accord sans se rendre compte de la différence qui les séparait, sans quoi nous n'aurions plus un consentement vicié par l'erreur; mais un consentement absolument inexistant. Il est tout naturel en effet de considérer le chiffre d'un prix, le montant d'une somme d'argent, comme sa substance, et d'en faire dépendre la validité du contrat.

La décision que nous avons donnée d'après Julien sur la loi 41 § 1 et au cas de vente d'un objet en or creux que l'on croyait plein, semble recevoir une contradiction dans la loi 14 du même titre, qui reproduit encore un texte du jurisconsulte Ulpien. Après s'être posé la question de savoir comment il décidera quand les deux parties se sont trompées sur les qualités de la chose, il se demande ce qui arrivera dans l'hypothèse ou un cohéritier a acheté de ses cohéritiers, sur un prix fixé par experts, un objet en or qu'il croyait à un titre beaucoup plus élevé qu'il ne l'est en réalité. La vente devra être maintenue, dit Ulpien, *quia auri aliquid habent ; nam si inauratum aliquid sit licet ego aureum putem valet venditio* (liv. XIV, *in fine*). Ces deux décisions n'ont rien d'après nous qui implique la moindre contradiction. Si Julien annule la vente lorsqu'on a acheté un objet creux pour un objet plein, c'est que ces deux objets, peuvent avoir une destination tout à fait différente et complétement exclusive l'une de l'autre. Il en est tout autrement dans notre dernière espèce. Étant admis en principe que l'or ne circule dans le commerce qu'à l'état d'alliage dans une proportion déterminée, peu importe pour l'usage auquel on le destine que cet alliage soit plus ou moins fort en métal non précieux, pourvu que ce dernier ne domine pas et n'enlève pas à l'or sa qualité principale de métal précieux. On conçoit facilement que les deux jurisconsultes raisonnant dans deux hypothèses qui dans les faits n'avaient rien de commun, aient donné sans se contredire une solution différente, que Julien ait vu dans la première une erreur sur la substance, et Ulpien dans la seconde une erreur sur les qualités accidentelles.

Nous n'irons pas d'ailleurs, comme l'a fait Voët (1), jusqu'à donner à cette loi un sens absolu ; nous voyons dans la nature même de la difficulté qu'elle énonce, une raison de prudence et nous croirions sortir de la pensée d Ulpien en généralisant sa décision. Il s'agit en effet ici d'une vente faite entre cohéritiers qui tous ignoraient le vrai titre du métal, d'une vente faite sur

____

(1) Voët *ad Pandectas* liv. XVIII, tit. I, n° 5.

un prix fixé par experts ; il est possible que dans l'espèce on ait tenu compte au partage dans son ensemble, de la différence de valeur et de titre, et qu'en réalité, si l'héritier acheteur s'est trouvé avoir un objet de moindre valeur qu'il ne pensait, cette différence soit entrée en ligne de compte dans l'appréciation des experts. Nous ne pouvons mieux faire pour donner sur cette question la véritable pensée de la jurisprudence romaine que de renvoyer aux circonstances de fait et de dire avec Pomponius dans la loi 12 au même titre : « in hujus modi quæstionibus, personæ et ementium et vendentium spectari debent non eorum etc. » « dans les questions de cette nature on doit considérer avant tout les personnes qui ont joué les rôles de vendeur et d'acheteur. »

Il nous reste à dire, que ces différentes qualités toutes substantielles qu'elles puissent être, ne devront jamais être prises en considération qu'autant que les parties les auront elles-mêmes envisagées comme telles, et en auront tenu compte à ce point en donnant leur consentement. Il pourrait très-bien se faire aussi, que les parties aient plutôt considéré la forme de l'objet vendu, le travail de l'artisan, que la matière ; c'est alors cette forme, ce travail, qui deviendrait la substance : « Si ejus modi sit res, in qua forma potius respiciatur quam materia... etc. »

L'erreur sur la matière forme donc une nullité de vente. La loi 45 au Dig. liv. XVIII, tit. I, *in fine* semble contraire à ces décisions et nous voyons dans cette loi, que si un individu vend de bonne foi un vase *d'aurichalcum* pour un vase d'or, il sera obligé *ut aurum quod vendidit præstet.*

On ne s'est pas entendu sur le sens de ces derniers mots, et on s'est demandé ce que Marcien, d'après Julien, avait voulu dire en décidant que le vendeur serait obligé à livrer le vase, *aurum.*

Cujas considère la vente comme nulle pour erreur sur la substance, et il explique le *præstare aurum* en disant que le vendeur même de bonne foi et *ignorans*, devra fournir les mêmes objets en or. Averanius a cherché une autre hypothèse pour expliquer la loi, car il est difficile de comprendre que la vente étant nulle pour erreur sur la substance, et ayant porté sur un objet déterminé, le vendeur puisse être obligé à livrer comme le veut Cujas, un objet qui n'a jamais figuré au contrat, et qui doit lui rester tout à fait étranger. Averanius suppose que le vendeur ayant deux vases, l'un d'or, l'autre *d'aurichalcum* tandis qu'on le croyait aussi d'or, l'un de ces deux vases aurait été vendu *in genere* et le vase *d'aurichalcum* livré. L'acheteur reconnaissant l'erreur pourra, d'après Averanius, forcer le vendeur à lui livrer le vase en or en lui rendant celui *d'aurichalcum,* puisque la vente a porté sur un vase en or à prendre *in genere* entré ces deux-là et que l'un d'eux seulement se trouve en or. Il n'y a dès lors aucune exception à notre règle et la vente demeurera parfaitement valable.

Quant à nous, nous déciderons comme Averanius que la vente est valable, mais nous chercherons avec M. Molitor dans l'ensemble de la loi elle-même et la première espèce qu'elle prévoit, une hypothèse plus simple et une application plus naturelle. Marcien parle en effet dans cette loi d'une opinion de Trébatius qu'il partage aussi, et d'après laquelle si un individu a vendu à un autre des vêtements usés pour des vêtements neufs, et que l'acheteur croyait neufs, il devra fournir à cet acheteur le montant de l'intérêt qu'il aurait eu à ce que les vêtements fussent neufs. Il ajoute que Pomponius était du même avis, et enfin il dit que Julien exprime la même pensée, en décidant que : « Si quis aurichalcum pro auro vendidisset ignorans tenetur, ut aurum quod vendidit præstet. » Il y a donc un rapport nécessaire entre ces deux espèces, puisque Marcien les a réunies sous la même décision. Or la première s'occupe évidemment d'une erreur sur une qualité accidentelle et il en est de même de la seconde. L'*aurichalcum* est en effet une espèce d'or de moindre valeur, puisqu'elle comprend une partie d'alliage, mais sa substance d'or n'en existe pas moins. L'erreur ne portant que sur une qualité accidentelle, ne viciera pas la vente et le vendeur sera obligé, comme dans l'hypothèse précédente, de fournir à l'acheteur l'intérêt qu'il aurait eu à ce que le vase fut en or pur, et par conséquent de subir une réduction de prix, « Tenebitur ut aurum quod vendidit præstet, » il sera obligé de fournir l'or qu'il a vendu, c'est-à-dire de tenir compte à l'acheteur de la quantité d'or qui lui manque, par suite de la différence du titre entre l'or et l'*aurichalcum*.

Toutes ces règles concernant l'erreur sur la matière, sont applicables à tous les contrats commutatifs où il y a prestation de part et d'autre, mais elles restent étrangères à tous les contrats unilatéraux et aux contrats pignoratifs. Dans les donations en effet et dans les stipulations, celui qui doit recevoir la chose n'a aucun intérêt à ce que le contrat soit nul. Dans les contrats commutatifs au contraire, l'erreur sur la matière ou sur les qualités essentielles de la chose, annule le contrat parce qu'il y a un prix ou une prestation réciproque basée sur ces qualités, et dont il ne peut jamais être question ni dans les contrats unilatéraux, ni dans le gage. Le créancier gagiste, par exemple, pourra subir un préjudice si on lui a donné en gage un objet de cuivre et non pas d'or ; mais il aura droit à l'action *pigneratitia contraria* pour obtenir un supplément de garantie, et le premier contrat de gage sera parfaitement régulier parce qu'il y a consentement sur la chose, et que le créancier n'a aucun intérêt à la restitution. C'est ce que décide la loi 1, § 2, au Dig. liv. XIII, tit. VII : « Si quis tamen quum æs pignori daret, affirmavit hoc aurum esse et ita pignori dederit, videndum erit an æs pignori obligaverit et nunc quid, quia in corpus consensum est pignori esse videatur ? Quod magis est ; tenebitur tamen pignoratitia contraria actione qui dedit præter stellionatum, quem fecit. » La loi 22, au Dig. liv. XLV, tit. I, nous donne aussi dans le même sens, un exemple de stipulation : « Si id quod aurum putabam, quum æs esset, stipulatus de te fuero, teneberis mihi hujus æris nomine, quoniam in corpore consenserimus ; sed ex doli mali clausula tecum agam, si sciens me fefelleris. » La stipulation pouvant être l'expression d'un contrat à titre onéreux, l'erreur de celui qui stipulait résultait souvent, comme le prévoit le texte, d'un dol de la part du promettant, dol qui aurait existé alors même que celui-ci n'aurait fait que laisser le stipulant dans son erreur, sans l'y induire lui-même. La stipulation n'en sera pas moins valable, car l'équivalent du contrat n'y figure pas directement ; il n'y a qu'une seule acquisition et le stipulant est toujours intéressé à la réaliser, mais en raison de ce dol, le promettant aura un recours spécial résultant de la *clausula doli mali* qui était généralement ajoutée à la stipulation.

L'erreur sur la qualité de la matière, la bonté,

l'aloi, n'annule pas la convention. Lorsque la matière n'est pas pure par exemple, les lois 10 et 14 au Dig. liv. XVIII, tit. I, nous en donnent la preuve. La première parle d'or de mauvais aloi et la seconde d'or d'un titre inférieur à celui que l'acheteur avait en vue ; nous avons vu qu'il en était de même quand la chose se trouvait usée au lieu d'être neuve.

D'ailleurs la convention des parties rend essentielles même ces qualités accidentelles, et l'acheteur, s'il y a une convention directe, a droit à des dommages-intérêts, parce que le vendeur doit tenir tout ce qu'il a promis. (loi 45, au Dig. liv. XVIII, tit. I.) — : « Si quidem ignorabat venditor ipsius rei nomine teneri, si sciebat etiam damni quod ex eo contingit.» « Si le vendeur ignorait la circonstance que les vêtements sont usés, il est tenu en sa seule qualité du vendeur; s'il le savait il est passible de dommages-intérêts qu'il a volontairement encourus par son propre fait.»

Si l'erreur a été commune, la loi 21 §, 2, au Dig. (liv. XIX, tit. I.) tirée de Paul, décide que le vendeur sera aussi tenu mais alors seulement à ce dont l'acheteur est privé, à l'intérêt qu'il aurait eu à ce que la chose fût telle qu'il la croyait, c'est-à-dire à une diminution de prix : « Quamvis supra diximus cum in corpore consentiamus de qualitate autem dissentiamus, emptionem non esse, tamen

venditor teneri debet quanti interest emptoris non
esse deceptum et si venditor quoque nesciat, veluti
si mensas quasi citreas emat quæ non sint. »

Il nous reste pour terminer ce que nous avons
à dire de l'erreur sur la matière, ses qualités essentielles ou accessoires, à parler des actions Édiliciennes créées en faveur des acheteurs par les édits
des Édiles.

Les Édiles étaient des magistrats chargés de
la police de la ville et particulièrement des mar-
chés. Préposés à la police pour les contestations
entre vendeurs et acheteurs, ils avaient fait un
édit sur lequel ils rendaient la justice. D'après Ulpien leur édit sur les ventes s'appliquait aux meubles et aux immeubles, *Labeo scribit edictumæ-
dilium curulium de venditionibus rerum esse tam
earum quæ soli sint quam earum quæ mobiles aut
se moventes*, et ils donnaient à l'acheteur un recours
contre le vendeur quand celui-ci de bonne ou de
mauvaise foi avait livré à l'acheteur une chose
entachée de certains vices déterminés par l'édit,
et qui lui permettaient de demander la résiliation
de la vente ou une diminution de prix : causa ejus
edicti proponendi est ut occurratur fallaciis ven—
dentium, et emptoribus succurratur, quicumque
decepti a venditoribus fuerint: dum modo sciamus
venditorem etiamsi ignoravit ea quæ Ædiles præs-
tari jubent, tamen teneri debere : nec est hoc ini-

quum, potestenim ea nota habere venditor : neque enim interest emptoris, cur fallatur ignorantia venditoris an calliditate.

L'acheteur avait donc le droit d'attaquer la vente à lui faite lorsque le vice qu'il découvrait dans la chose qu'il avait achetée était *redhibitoire,* (1) c'est-à dire compris dans l'enumération de ceux pour lesquels les Édiles accordaient un secours et cela sans avoir à tenir compte de la bonne ou de la mauvaise foi de son vendeur.

Mais nous retrouvons ici comme en matière ordinaire, cette condition que l'erreur de l'acheteur ait été excusable et qu'il n'ait pas pu se rendre compte des vices cachés qui altéraient la substance de la chose qu'il a voulu acquérir : « Si nominatim exceptus morbus non sit, talis tamen morbus sit, qui omnibus potuit apparere, ut puta cœcus.... ejus nomine non teneri Cœcilius ait : perinde ac si nominatim morbus exceptus fuisset, ad eos enim morbus vitiaque pertinere edictum Ædilium probandum est, quæ quis ignoravit, vel ignorare potuit.» Loi 1 pr. et § 2 et loi 14, § 10 de *Ædilitio edicto et redhibitione, et quanti minoris,* (liv. XXI, tit. I.)

---

(1) Ulpien nous donne lui-même le sens et l'origine du mot rédhibitoire : « *Redhibere est, facere ut rursus habeat venditor quod habuerit et quia reddendo idfiebat, id circo redhibitio est appellata quasi redditio.* »

L'action rédhibitoire avait été étendue par utilité de la vente à l'échange et au louage (loi 19, § 5 et loi 63). Un délai de six mois utiles était accordé à l'acheteur pour intenter la *redhibitio* ; il avait une année utile quand il agissait *quanto minoris*, c'est-à-dire quand au lieu de demander la nullité de la vente, il réclamait simplement des dommages-intérêts. (loi, 19 § 6.)

V. ERREUR SUR LA QUANTITÉ.

L'erreur sur la quantité n'a pas en général pour effet d'annuler le contrat, à moins que la quantité n'ait été l'objet d'une affectation ou d'une détermination spéciale : elle donne lieu seulement à une diminution de prix, à moins encore d'une convention expresse mettant à la charge de l'acquéreur les risques de la quantité. C'est ce que nous voyons exprimé dans les lois 4, § 1 et loi 42 au Dig. (liv. XIX, tit. 1.). La première de ces lois est ainsi conçue : « Si modus agri minor inveniatur, pro numero jugerum auctor obligatus est : quia ubi modus minor invenitur, non potest œstimari bonitas loci, qui non exstat : sed non solum, si modus agri totius minor est, agi cum venditore potest, sed etiam de partibus ejus, utputa si dictum est,

vineæ jugera tot esse, vel oliveti, et minus inveniatur. Ideoque his casibus pro bonitate loci fiet
æstimatio. » La loi 4 décide donc que le vendeur
est obligé à fournir la totalité de ce qu'il a promis,
ou en cas d'impossibilité, à subir une diminution
de prix, aussi bien quand il s'agit d'arpents de
terre, de l'étendue en masse de l'immeuble acheté,
que des parcelles affectées à des cultures séparées
et qui ne se trouveraient pas comprendre en réalité l'étendue indiquée au contrat pour chacune
de ces cultures. La question de compensation s'é-
lève alors et c'est la loi 42 qui la tranche conformément à la décision donnée plus tard par le Code
Napoléon dans son article 1623 : « Si duorum fun-
dorum venditor separatim de modo cujusque pro-
nunciaverit, et ita utrumque uno pretio tradiderit,
et alteri aliquid desit, quamvis in altero exsuperet,
forte si dixit unum centum jugera, alterum du-
centa habere, non proderit ei quod in altero ducen-
ta decem inveniuntur, si in altero decem desint : et
de his ita apud Labeonem relatum est. …» Lorsque
le vendeur a indiqué séparément la contenance de
deux fonds vendus ensemble et pour un même
prix, si l'un des fonds se trouve avoir une contenance moindre tandis que l'autre en a une plus
grande, si l'un par exemple est déclaré pour 100
et l'autre pour 200 arpents, le vendeur ne pourra
pas se prévaloir de ce que l'un en aura 10 de plus

pour compenser les 10 que l'autre aura de moins, c'est ce que pense Labéon... Ainsi d'après Labéon pas de compensation possible entre les deux quantités ; » *sed an exceptio doli mati venditori profutura sit potest dubitari? Utique si exiguus modus silvæ desit, et plus in vineis habeat, quam repromissum est, an non facit dolo, qui jure perpetuo utitur?..*

Labéon se pose alors des objections, car c'est toujours lui qu'Ulpien fait parler dans sa loi, il se demande s'il n'y a pas un dol de la part de l'acheteur à se renfermer dans un droit aussi rigoureux et si on ne devra pas accorder au vendeur l'exception de dol, et il répond : « nec enim hic, quod amplius in modo invenitur quam alioquin dictum est, ad compendium venditoris sed ad emptoris pertinet; et tunc tenetur venditor cum minor modus invenitur... » « Non, car le bénéfice, d'une plus grande contenance que celle qui a été déclarée appartient à l'acheteur et non au vendeur, et celui-ci n'en est pas moins tenu jusqu'à concurrence de la quantité qu'il a manqué de fournir.»

La question avait donc fait difficulté puisque Labéon se prononçait dans un sens opposé à la compensation ; mais nous voyons que son opinion n'a pas été admise, et qu'Ulpien dont la doctrine est reproduite au Digeste, décide à la fin de notre loi après avoir exposé le système de Labéon que : « Sed rectius est, et in omnibus du suprascriptis casibus lucrum cum damno compensari : et si quid deest emptori, sive pro modo, sive pro qualitate loci, hoc ei resarciri.»

La question de quantité peut aussi s'élever sur une somme d'argent et nous aurons à distinguer la stipulation des contrats commutatifs. Dans la stipulation nous appliquerons cette règle spéciale aux sommes d'argent que le moins est toujours contenu dans le plus, *quod magis minus in se continet*, et nous déciderons que la stipulation vaudra jusqu'à concurrence de la somme plus faible, soit que le chiffre de la réponse ait été lui-même le chiffre supérieur ou le chiffre inférieur.

Ainsi par exemple je stipule 20 de Titius et il me promet 30 ; la stipulation sera aussi valable jusqu'à concurrence de 20 qu'elle le serait pour 10 s'il ne m'avait répondu que ce chiffre. C'est ce que nous trouvons formellement décidé dans la loi 1. § 4 au Dig. *deverb. obligat.* (liv. XLV, tit. I.) : « si me viginti interrogante, tu decem respondeas, obligatio nisi in decem non erit contracta : licet enim oportet congruere summam, attamen manifestum est viginti et decem inesse..... Semper in summis, dit également Paul, idquod minus est sponderi videtur. »

Nous avons aux Institutes liv. III, tit, XIX. § 5, une décision qui semble contraire à ce que nous venons de dire, et qui provient de ce que Justinien après avoir adopté l'opinion de Paul et d'Ulpien au Digeste, a reproduit aux Institutes un texte de Gaius qui pensait autrement. (Comment. III, § 102.). Peut-être pourrait-on concilier ces textes contradictoires en considérant la nullité de la stipulation prononcée aux Institutes comme applicable seulement à l'excédent de la plus forte somme sur la plus faible; on pourrait décider ainsi avec d'autant plus de raison que Justinien au paragraphe suivant reproduit dans une hypothèse presque semblable l'opinion de Paul et d'Ulpien et qu'on est obligé de le trouver une seconde fois en contradiction avec lui-même. Nous le croyons quant à nous, et nous décidons malgré l'interprétation la plus généralement adoptée, (1) que Justinien en disant

... inutilis est stipulatio si quis ad ea quœ interrogatus erit, non respondeat, veluti si decem aureos a te dari stipuletur, tu quinque promittas, vel contra..... n'a prononcé la nullité que pour la somme sur laquelle l'accord n'a pas eu lieu et a conservé la validité de la stipulation jusqu'à concurrence du chiffre le plus faible.

Dans les contrats commutatifs, la règle *quod magis...* etc, ne peut plus être appliquée parce que le prix se trouve en présence d'un équivalent auquel

(1) Voy. M. Demangeat, cours de droit Romain t. II. pg. 222, et M. Ortolan t. III, n°s 1345 et 1346.

il faut qu'il soit au moins égal. Par conséquent si je demande 10 à Titius d'une maison qu'il veut m'acheter, êt qu'il m'offre 6, il n'y aura aucun contrat de formé, parce que les volontés ne se sont pas rencontrées. Il serait nécessaire pour qu'il fut obligé, que je donnasse moi-même au nouveau consentement. Du reste si au lieu de me répondre 5, alors que je lui ai demandé 10, il m'offre 20, le le contrat est immédiatement formé, et la règle *quod magis...* s'applique jusqu'à concurrence du chiffre que j'ai moi-même demandé.

VI. ERREUR SUR L'EXISTENCE DE LA CHOSE

L'erreur sur l'existence de la chose est nécessairement une cause de nullité du contrat, pourvu toute fois que la chose ait péri en totalité ou au moins jusqu'à concurrence de plus de moitié (Muhlenbruch). Le contrat sera purement et simplement anéanti pourvu toute fois que l'erreur ait été commune. Si c'est seulement une partie de la chose inférieure à la moitié, qui a péri, l'acheteur pourra réclamer du vendeur une partie proportionnelle du prix fixée par experts : « Domum emi, cum eam *et ego et venditor* combustam ignoremus ? Nerva, Sabinus, Cassius, *nihil venisse* quamvis area maneat : Pecuniamque solutam *condici* posse aïunt. Si *pars domus maneret*, Neratius ait in hâc quæstione multum interesse, quanta. pars domus incendio consumpta permaneat : ut si quidem *amplior domus pars* exusta est, non compellatur emptor perficere emptionem : Sed etiam quod forte solutum ab eo est repetet, si vero *vel dimidia pars*, *vel minor quam dimidia* exusta fuerit, tunc coartandus est emptor *venditionem adimplere* æstimatione boni viri arbitratu habita, ut quod ex pretio propter incendium decrescere fuerit inventum, ab hujus præstatione liberetur» (1). Si l'acheteur n'a pas payé son prix, il en sera dispensé en cas de perte totale et il le fera réduire *boni viri arbitratu*, si la perte ne dépasse pas la moitié de la chose ; si au contraire, il avait déjà payé son prix quand l'erreur est découverte, il pourra exercer contre le vendeur une *condictio sine causa* pour obtenir de lui soit la totalité du prix, soit la part correspondante à la partie de la chose qui se trouve avoir péri « Sin autem venditor quidem sciebat domum esse exustam, emptor autem ignorabat, nullam stare venditionem, si tota domus ante venditionem exusta sit, si vero quantacumque pars ædificii remaneat et stare venditionem et venditorem emptori quod interest restituere. » Mais si le vendeur a eu con-

---

(1) *Paulus |ad Plantium loi* 57, *de catrahenda emptione liv. XVIII, tit. I.*

naissance de la perte de la chose, son silence le
constitue en état de mauvaise foi. Si la chose était
périe en totalité, le contrat n'en sera pas moins
nul, mais l'acheteur aura directement une action
de dolo contre le vendeur ; si une parcelle quelconque de la chose a subsisté, la vente tiendra,
mais le vendeur sera tenu d'indemniser l'acheteur
par l'action *ex empto,* de tout l'intérêt que celui–ci
aurait eu à ce que la chose eut existé en totalité.

Si nous supposons maintenant que c'est l'acheteur qui a connu le véritable état de la chose, et
*venditionem stare et omne pretium ab emptore vendi
tori, si non depensum est, solvi : vel si solutum sit,
non repeti,* la vente sera valable dans la seconde
hypothèse et l'acheteur devra la totalité du prix ; on
présumera la donation jusqu'à concurrence du
surplus de la valeur réelle. — Si les deux parties
sont de mauvaise foi, leur position n'étant pas plus
favorable l'une que l'autre, il n'y aura ni validité,
ni dommages-intérêts, la justice n'aura pas à inter-
venir dans leur démêlé.

Remarquons aussi, que l'ignorance où se trouve
le vendeur de la destruction de la chose, ne présume pas une faute de sa part, et qu'en dehors de
la mauvaise foi il n'est jamais tenu de dommages-
intérêts, comme nous allons le voir pour l'erreur
sur le commerce de la chose.

VII. — ERREUR SUR LE COMMERCE DE LA CHOSE ET LA QUALITÉ DU VENDEUR.

Lorsqu'on promet une chose qui n'est pas dans le commerce, on promet l'impossible, et le contrat qu'on a essayé de former est nul en lui-même, indépendamment de la bonne ou de la mauvaise foi. C'est un point qui ne peut faire aucun doute : « Et liberi hominis et loci sacri et religiosi qui haberi non potest, emptio intelligitur si ab ignorante emitur. » (Pomponius loi 4 au Dig. *de contrahenda emptione et*.... (liv. XXIII, tit. I). Mais si la promesse est nulle, elle n'entraîne pas moins pour le vendeur une obligation, qui ne sera presque pas différente suivant qu'il est ou non de mauvaise foi. S'il est de mauvaise foi, la loi 137, § 6, au Dig. *De verb. oblig.* (liv. XLV, tit. 1), décide que le vendeur sera tenu de l'action *empti* pour procurer à l'acheteur tout le bénéfice qu'il aurait tiré de la vente si elle eût été valable : « Si servum mihi ignoranti sciens furem vel noxium esse vendideris, quamvis duplum promiseris, teneris mihi ex empto quanti mea interest scisse, quia ex stipulatione eo nomine agere tecum non possum antequam mihi quid abesset. » L'acheteur aura donc l'action *ex empto* non pas pour obtenir tradition de la chose, mais pour réclamer *quanti illius interest scisse*, l'intérêt qu'il aurait eu à connaître la vérité, c'est-à-dire une indemnité ; il l'obtiendra par l'action *empti* et non pas *ex stipulatu*, car, ajoute le jurisconsulte, « eo nomine agere non possum antequam mihi quid abesset. »

Il s'agit ici de l'action *ex stipulatu duplæ* résultant du contrat de vente et qui différait de l'action *ex empto* notamment sur ce point qu'elle n'était donnée qu'autant qu'il y avait éviction véritable, que l'acheteur mis en possession de la chose était évincé par un tiers. Il est clair que nous n'ayons ici aucune éviction puisqu'il n'y a pas de tradition effectuée ; or comme la stipulation ne peut être appliquée que rigoureusement et dans ses termes mêmes, et qu'elle ne s'occupe que du cas d'éviction, l'acheteur n'en doit attendre aucun secours. Il n'en était pas de même de l'action *ex empto* qui, en sa qualité d'action de bonne foi, était donnée pour toute inexécution des engagements entre vendeur et acheteur ; le fait seul d'une impossibilité de tradition efficace lui donnait ouverture et permettait à l'acheteur de réclamer au vendeur une indemnité pour le préjudice qu'il souffrait de la nullité de la vente.

Nous en dirons autant pour la vente d'un lieu sacré ou religieux, vente prévue par la loi 4 *de contr. empt.*, et nous donnerons comme dans la loi 137 *de verb. oblig.*, une action *ex empto* contre le vendeur de mauvaise foi.

La loi 4 ne suppose que la bonne foi de l'acheteur et elle considère le vendeur comme toujours obligé pourvu que *ab ignorante ematur*. Nous avons vu qu'il en était autrement en cas de perte de la chose au moment de la vente ; cette différence se comprend facilement. Un vendeur peut n'être pas en faute d'ignorer si sa chose a péri par tel ou tel cas fortuit, mais il est nécessairement coupable de négligence s'il ne sait pas que tel esclave qu'il vend est un esclave volé, tel fonds de terre un *locus religiosus* et si quelqu'un doit subir un préjudice de ce contrat, c'est incontestablement lui. Lucinius Rufinus exprime la même idée quand il dit : « Liberi hominis emptionem contrahi plerique posse existimaverunt si modo inter ignorantes id fiat (loi 70 au même titre). Julien indique la même pensée sans une forme différente : « Qui liberum hominem sciens vel ignorans tanquam servum vendat, evictionis nomine tenetur : quare etiam pater, si filium suum tanquam servum vendiderit evictionis nomine obligatur » (loi 79, § 3 *de evict.* liv. XXI, tit. II). Enfin Modestin nous dit dans la loi 62, § 1, *cont. empt.* : « Qui nesciens loca sacra, vel religiosa, vel publica, pro privatis comparavit, *licet emptio non teneat*, ex empto tamen adversus

venditorem experietur ut consequatur, quod interfuit ejus ne deciperetur.» Quoique la vente soit
nulle, le vendeur d'une chose publique ou religieuse
sera tenu envers l'acheteur de bonne foi d'une
indemnité, « *Qaod interfuit ejus ne deciperetur.* »

Nous arrivons à l'erreur sur la qualité du
vendeur, à la vente de la chose d'autrui. Les principes de la vente en droit romain ne mettaient
aucun obstacle à la validité de ce contrat, et pourvu
qu'au moment où devait avoir lieu la tradition le
vendeur fût en état de l'effectuer, il remplissait
tous ses engagements. Il n'y avait donc de part et
d'autre que des obligations dont l'exécution était
plus ou moins facile, mais aucune nécessité de
propriété immédiate chez celui qui remplissait le
rôle de vendeur. Si au moment de la tradition le
vendeur n'était pas en mesure de transmettre la
propriété, l'acheteur avait contre lui l'action *empti*
pour obtenir de lui tout l'intérêt qu'il aurait à une
délivrance de la chose et une translation de propriété.

Les choses se passaient exactement de la
même manière dans une stipulation ; quant aux
contrats formés *re*, la transmission de propriété
était le moyen même de faire naître des obligations
et de créer le contrat, et il va de soi que la qualité
de propriétaire était indispensable dans le *mutuum*
par exemple, chez le créancier. Le seul cas de

nullité de la vente de la chose d'autrui est celui où l'acheteur a voulu acquérir sa propre chose, et nous trouvons pour cette espèce des règles identiques à celles que nous avons rencontrées pour la vente d'une chose hors du commerce. La chose est en effet considérée par rapport à l'acheteur comme étant hors du commerce et la vente en est complétement nulle : « *Suæ* rei emptio non valet sive sciens sive ignorans emi. Sed si ignorans emi, quod solvero repetere potero, qui *nulla obligatio fuit,* » (loi 16 *cont. empt.*). Aucun lien de droit ne s'est formé, *nulla obligatio fuit*, et l'acheteur pourra réclamer au vendeur le prix qu'il lui a payé, pourvu toutefois qu'il soit de bonne foi. Remarquons que même dans ce cas il n'aura droit qu'à la répétition de son prix et non plus à des dommages—intérêts comme dans la vente d'une chose hors du commerce, parce qu'il y a faute de sa part à ignorer si la chose qu'on lui offre ne lui appartient pas déjà.

La loi 82 au Dig. *De verb. oblig.* (liv. XLV, tit. I,) donne la même solution pour la stipulation de sa propre chose : « Nemo suam rem utiliter stipulatur sed pretium rei suæ non inutiliter. »

La vente de la chose d'autrui est donc valable en tant que contrat générateur d'obligations, il n'en est pas de même de la tradition qui l'accompagne et du transport de la propriété qui en est la

conséquence. Il est bien évident que la propriété
ne peut pas résulter d'une tradition effectuée par
un autre que le propriétaire, et l'acheteur pouvait
exercer dès qu'il reconnaissait le vice de cette
tradition, l'action *empti* contre son vendeur,
pour se faire garantir contre une éviction possible
et obtenir une indemnité proportionnée à l'intérêt
qu'il aurait eu à être investi irrévocablement de la
propriété.

Nous pouvons supposer également la vente faite
de sa propre chose par un propriétaire qui croyait
vendre la chose d'autrui. Mandataire de Titius, je
vends un cheval en son nom, et sans m'apercevoir
que le cheval m'appartient. La vente est parfaitement valable parce qu'il y a accord
sur la chose et sur le prix, et comme en ma
qualité de mandataire je suis personnellement
obligé, la vente tient de toutes manières.
Pour ce qui concerne le rapport d'obligations,
le résultat du consentement, le mandataire qui
a par erreur vendu sa propre chose, a donc
fait un contrat valable. Mais il n'en sera pas de
même du transport de la propriété ; le mandataire
ne joue jamais dans une tradition qu'un rôle accessoire et qui consiste dans un simple fait matériel. Instrument du vendeur il ne donne aucun
consentement, et nous devons décider qu'il conserve contre l'acheteur son droit de propriétaire,

et qu'il revendiquera utilement sa chose. Il se verra opposer il est vrai l'*exceptio rei venditæ et traditæ*, mais il la paralysera par une *replicatio doli mali* en raison de la mauvaise foi de l'acheteur : « Si procurator meus vel tutor pupilli rem suam quasi mam vel pupilli alii tradiderit, non recessit ab eis dominium et multis juris civilis argumentis comprobatum est » (loi 35 au Dig. *De acquirendo rerum dominio*, liv. XLI, tit. I).

VIII. ERREUR SUR LA PERSONNE.

C'est particulièrement pour l'erreur sur la personne, que les distinctions deviennent nécessaires, et qu'on doit écarter toute règle générale applicable à l'ensemble des contrats. On comprend en effet que l'élément de la personne ait une moins grande influence sur le contrat que la nature et l'identité même de la chose qui en fait l'objet. Les conventions revenant en définitive à une question d'intention, on devra évidemment faire abstraction de l'erreur sur la personne toutes les fois que cette considération ne s'élèvera pas à l'état de raison directe et déterminante.

La première catégorie de contrats qui doivent être soumis à l'influence de l'erreur sur la personne, celle qui se présente la première à l'esprit

et dont nous trouvons la trace en première ligne
dans les textes, c'est celle des contrats à titre gratuit, contrats dans lesquels la considération de la
personne que l'on veut favoriser est toujours principale. L'erreur sur cette personne, sur son idendité
mettra donc obstacle au consentement et frappera
de nullité la disposition même. C'est un point qui
n'a jamais fait difficulté en doctrine quelle que soit
la forme qu'on ait pu employer pour faire la
donation.

On y avait assimilé la transaction, dont la
nature quoique onéreuse et étrangère à celle des
contrats gratuits, contient cependant à un haut
degré la considération de la personne qui oblige à
la régler par les mêmes principes. Nous en trouvons la preuve dans la loi 7, § 2 au Dig. liv. II,
tit. XV, de transactionibus : « debitor cujus pi-
gnus creditor distraxit, cum Mævio, qui se legiti-
mum creditoris heredem esse jactabat, minimo
transegit ; postea, testamento prolato, Septicium
heredem esse apparuit. Quæsitum est, si agat pignoratitia debitori cum Septitio, an is uti possit
exceptione transactionis factæ cum Mævio, qui
heres eo tempore non fuerit, possitque Septicius
pecuniam quœ Mævio ut heredi a debitore numerata
est condictione repetere quasi sub prætextu hereditatis acceptam? respondi : secumdum ea quæ propo-
nerentur, non posse, quia neque cum eo ipse tran-

segit, nec negotium Septicii Mævius gerens accepit. » D'ailleurs le genre d'erreur que prévoit ce
texte qui s'occupe d'une erreur sur la personne au
point de vue de la transaction, donne une solution qu'il n'est pas nécessaire de baser sur l'erreur
dans la personne. Nous verrons en effet en droit
français que telle n'est pas l'hypothèse prévue par
l'article 2053, qui lui aussi s'occupe cependant de
l'erreur sur la personne au point de vue de la
transaction. D'ailleurs cette espèce est toute particulière ; elle comprend aussi une question très-
délicate en droit français, celle de savoir dans
quelle mesure les actes de l'héritier apparent
peuvent être maintenus à l'encontre de l'héritier
véritable.

Dans les contrats onéreux au contraire, c'est à
titre exceptionnel seulement que la considération
de la personne devra jouer un rôle; elle aura particulièrement cet effet dans les contrats qui consis-
tent *in faciendo*, lorsqu'il résulte des circonstances,
qu'on a voulu contracter avec un artisan habile,
avec une personne douée d'un talent spécial, et
qu'on s'est trompé de personne. Dans les autres
contrats il n'existera jamais cette présomption,
que la considération de la personne a joué un
rôle essentiel ; pas même dans les contrats qui
établissent une présomption de confiance réciproque,
comme le mandat et la société. Nous ne trouvons

aucun texte qui nous autorise à tenir compte
d'une pareille erreur ; d'ailleurs ce secours était
tout à fait inutile, au moins dans ces deux contrats,
puisqu'ils sont anéantis par la seule volonté de
l'une des parties (loi 27, § 2, au Dig. liv. XVII,
tit. I).

IX. — DE LA BONNE FOI DANS LES CONTRATS.

Nous connaissons jusqu'à présent l'erreur comme
cause de nullité, le résultat d'une croyance erronée affectant directement le contrat et mettant
obstacle à sa validité. Il nous reste à parcourir
quelques-uns de ses effets quand elle s'appelle
bonne foi, c'est-à-dire quand celui qui l'invoque,
veut se faire relever de certaines conséquences
d'un acte juridique dont la nullité lui est opposable.
Ces effets ne portent généralement pas sur le contrat lui-même et n'empêchent pas qu'il ne soit nul;
c'est uniquement dans certaines de ses conséquences
et en créant certains moyens d'effacer la nullité
par le temps, qu'ils arrivent à paralyser les conséquences directes qu'il aurait à l'endroit de l'individu de bonne foi. Nous signalerons cependant
deux hypothèses particulières où l'erreur valide
complétement et immédiatement un rapport de

droit qui eut été nul si la partie intéressée à sa validité eut été de mauvaise foi.

Le sénatusconsulte Macédonien déclarait qu'il ne serait donné aucune action contre les fils de famille pour l'argent qu'on leur aurait prêté ; il voulait frapper les contrats usuraires dont étaient souvent victimes les jeunes Romains, et les empêcher de dissiper par avance la fortune de leur père, (loi **1**, pr. *de sec. maced.* liv. XIV, tit. VI), et que le créancier ait eu ou non connaissance de la condition du fils de famille, il était de principe qu'il ne pouvait agir contre lui soit avant soit après la mort du père.

L'erreur cependant pouvait être invoquée par le créancier, et la loi 3 au même titre décide que: « Si quis patrem familias esse credidit *non vana simplicitate deceptus nec juris ignorantia* sed quia publice pater familias plerisque videbatur sic agebat, sic contrahebat, sic numeribus fungebatur cessabit senatusconsultum. » La condition qu'on exige pour l'admisibilité de l'erreur, c'est qu'il y ait vraiment bonne foi, c'est-à-dire erreur excusable. Quant à l'erreur de droit, Ulpien semble l'exclure d'une manière absolue ; le motif en est qu'elle sera en cette matière rarement excusable, mais nous pensons qu'à part cette considération il n'y a aucune différence à établir. La bonne foi se définit d'une manière indivisible ; c'est une croyance erronée qui a donné à une personne de justes rai—

sons pour lui faire voir les choses sous un autre
que leur véritable jour. Il n'y a pas de distinction
possible en principe entre l'erreur de droit et
l'erreur de fait et ce n'est qu'au point de vue des
faits et de la pratique habituelle que nous acceptons la différence que consacre Ulpien.

Nous voyons aussi que pour le mineur, la présomption d'excusabilité existe toujours même pour
l'erreur de droit, et d'une manière invincible :
« Plane si minor annis cum filio familias majore
contraxerit ; et Julianus lib. IV, Digestorum et
Marcellus, lib. II, Digestorum scribit posse in integrum restitui : ut magis ætatis ratio quam senatusconsulti habeatur. » (Loi II, § 7 *de mino-*
ribus, liv. IV, tit. 4).

Il en était de même pour le créancier qui se
voyait opposer le bénéfice du sénatusconsulte
Velléien. On avait défendu aux femmes *propter*
fragilitatem sexus, d'*intercedere* pour autrui, et on
leur avait donné une exception *ex senatusconsulto*,
à opposer au créancier envers lequel elles se seraient obligées comme cautions. Pour comprendre
l'hypothèse d'une erreur, il faut supposer que la
femme a intercédé par un mandataire que le
créancier a pris pour le véritable obligé : « Si
fidejussores pro defensore absentis filii, ex man-
dato matris ejus intervenerunt, quæretur an etiam
his senatusconsulto subveniatur? et ait Papinianus

lib. 9, quæstionum, exceptione eos usuros : nec multum facere quod pro defensore fidejusserunt, cum contemplatione mandati matris intervenerunt. Plane (*inquit*) si qui accepit eos fidejussores matrem eis mandasse ignoravit exceptionem senatusconsulti replicatione doli repellendum.» (Loi VI, *ad. s. c. vell.* Liv. XVI, tit. 1.). Le créancier conservera tout le bénéfice de l'intercession faite en sa faveur et il répondra à l'exception *ex s. c. vell.* par une *replicatio doli mali.* Comme nous venons de le voir, la bonne foi dans ces deux espèces particulières, produit cette conséquence remarquable qu'elle valide un contrat nul d'après le droit commun, et replace la femme et le fils de famille exactement dans la même situation que si aucune protection particulière ne leur avait été accordée. Mais c'est là un effet tout exceptionnel, et la bonne foi n'entraîne généralement dans les autres contrats que l'acquisition des fruits et de la propriété par certaines conditions qu'il nous reste à examiner.

Le principe de l'acquisition des fruits par le possesseur de bonne foi, est posé par Justinien dans le par. 35 *de divisione rerum* liv. II, tit. I, aux Instituts : « Si quis a non domino quem dominum esse crediderit, *bona fide* fundum emerit, vel ex donatione *aliave qualibet justa causa* æque bona fide acceperit, naturali ratione placuit fructus quos percepit ejus esse pro cultura et cura ; et ideo si postea dominus supervenerit et fundum vindicet, de fructibus ab eo consumptis agere non potest. Si vero qui alienum fundum sciens possiderit non idem concessum est : itaque cum fundo etiam fructus, licet consumpti sint cogitur restituere. »

Les deux conditions sont donc pour l'acquisition des fruits, une *justa causa* et la *bona fides*. Nous n'avons pas à nous occuper de la *justa causa*, voyons seulement quand et comment doit exister la bonne foi. Comme elle est la cause principale de l'acquisition des fruits, elle doit exister pendant toute la durée de la possession. Dès qu'elle cesse, l'acquisition des fruits cesse avec elle et elle doit durer jusqu'au moment où ils sont détachés et qu'il ne s'agit plus que de les gagner. C'est du moins ce que Paul admet avec Pomponius (loi 48, pr. et § 1 *de adq. rer. dom.* liv. XLI, tit. I).

L'acquisition faite en vertu de la possession, n'est cependant pas définitive dans le droit de Justinien. Le possesseur de bonne foi devient bien propriétaire des fruits à l'instant même où ils sont détachés, mais il reste obligé de les restituer en même temps que la chose qui les a produits, à moins qu'il ne les ait consommés de bonne foi avant la revendication du propriétaire (Inst. § 2. in fin. *de officio jud.* liv. IV. tit. XVII). Nous trouvons encore une constitution rendue en 294 par les empereurs Dioclétien et Maximien qui consacre expressément cette règle. (loi 22, *au Coae de rei vindic.* liv. III, tit. XXXII).

Du temps des jurisconsultes, il était déjà de principe que tous les fruits *exstantes* doivent être restitués par le possesseur tenu de la *petitio hereditatis*; mais nous ne voyons rien de semblable en matière de *rei vindicatio.* C'est du moins l'opinion de la plupart des commentateurs ; elle résulte de textes nombreux qui ne parlent pas de cette restitution. V. (loi 28 pr. loi 25, § 1 au Dig. *de Usuris*, liv. XXII, tit. I) (loi 48 au Dig. *de rei vindic.* Liv. VI, tit. I.) (loi 2 au Code *de p tit. hered.* liv. III, tit. XXXI) (loi 4, § 19. *de usurp.* au Dig. liv. XLI, tit. III).

Le possesseur de bonne foi a droit à tous les fruits quoique Justinien déclare qu'ils ne lui appartiennent que *pro cura* et *cultura*, et semble ainsi restreindre son droit d'acquisition aux fruits *industriels.* L'opinion qui avait prévalu et que Justinien consacre, est au contraire celle d'une acquisition complète résultant de ce que le possesseur est avec la condition de bonne foi, *loco domini :* « Bonæ fidei emptor, non dubie, percepiendo fructus etiam ex aliena re, suos interim facit, non tantum eos qui diligentia et opera ejus pervenerunt, sed omnes : quia, quod ad fructus attinet, loco domini pene est. » (Paul, loi 48 pr. *de adq. rer. dom.*)

L'usucapion était un moyen donné à l'acquéreur de bonne foi qui n'avait pas pu devenir pro—

priétaire de la chose à lui vendue, pour certaines causes particulières, d'arriver à cette propriété en remplissant certaines conditions parmi lesquelles se trouvait la bonne foi. Elle avait dans l'ancien droit deux applications distinctes :

1° Lorsque le propriétaire d'une chose *mancipi* la livrait *ex justa causa*, l'*accipiens* n'en devenait pas immédiatement *dominus ex jure quiritium* : il acquérait ce qu'on appelait la propriété *bonitaire*, et le *dominium* n'était fixé sur sa tête que par l'usucapion, c'est-à-dire par une possession prolongée pendant un certain temps (Gaïus, Comment. II, § 41).

2° Lorsqu'une chose *mancipi* ou *nec mancipi* était livrée *ex justa causa* par un *non dominus*, l'usucapion était encore nécessaire pour donner à l'*accipiens* une propriété définitive, en supposant d'ailleurs que les formes usitées pour le transport de la propriété de ces deux espèces de choses aient été accomplies. La première application a complétement disparu sous Justinien, et du reste nous n'aurions pas à nous en occuper, car la bonne foi n'y était pour rien, et c'est uniquement à ce point de vue que nous étudions l'usucapion.

A côté de la distinction entre les *res mancipi* et les *res nec mancipi*, il y avait aussi avant Justinien une autre distinction à établir entre les fonds Ita-

liques et les fonds Provinciaux. Ces derniers n'é-
tant pas susceptibles de la propriété quiritaire, et
l'usucapion étant un mode d'acquérir du droit civil, inapplicable par conséquent aux fonds qui ne
jouissaient pas du *jus italicum*, il avait fallu organiser en faveur des possesseurs de bonne foi fondés
sur une *justa causa*, un secours particulier ; c'était
ce qu'on appelait la *possessio* ou *præscriptio longi
temporis*, espèce d'exception au moyen de laquelle
l'homme qui depuis longtemps possédait une chose
pouvait repousser ceux qui l'actionnaient en restitution. De nombreuses différences séparaient cette
præscriptio de l'*usucapio* : elles n'avaient de commun que la nécessité d'une *justa causa* et de la
bona fides dans l'hypothèse d'usucapion ou elle
était applicable.

Sous Justinien, il n'existe plus ni *res mancipi* ni
res nec mancipi, ni propriété *bonitaire* ni *dominium*,
ni fonds *italiques* ni fonds *provinciaux*, et toutes ces
distinctions sont effacées dans une règle unique
qui, combinant l'*usucapio* avec la *præscriptio longi
temporis*, est applicable au seul mode de translation de propriété reconnu pour toutes sortes de
biens, la *traditio*. Justinien lui a conservé le nom
de *præscriptio* ou *posssesio longi temporis*, et il nous
dit dans le *Pr. de usucapionibus*, liv. II, tit VI, aux
Institutes: *Constitutionem super hoc promulgavimus
qua cautum est ut res quidem mobiles per triennium,*

*immobiles vero per longi temporis possessionem,
usucapiantur.*

La première des conditions que doit remplir
cette possession , c'est d'être fondée sur la
bonne foi. Il ne faut pas du reste la confondre
avec le juste titre qui est une condition également
essentielle, mais tout à fait distincte: «separata est
causa possessionis et usucapionis, nam vere dicitur
quid emisse, sed mala fide : quemadmodum qui
sciens alienam rem emit, præscriptione possidet
licet usu non capiat» (Loi **2**, § 1 . au Dig. *Pro empt.*
liv. XLI, tit. IV).

La bonne foi est une erreur dans laquelle est
tombé le possesseur. Faut-il admettre l'erreur
de droit ? Nous trouvons un passage de Paul qui
semble bien vouloir établir une distinction entre
l'erreur de fait et l'erreur de droit : « Si a pupillo
emero sine tutoris auctoritate, quem puberem esse
putem, dicimus usucapionem seqùi hic plus in re
quam in existimatione. Quod si scias pupillum esse,
putes tamen pupillis licere suas res sine tutoris
auctoritate administrare, non capies usu, quia juris error nulli prodest» (Loi **2**, § 15, au Dig. *Pro
empt.)*

Il nous paraît difficile d'accepter cependant une
distinction qui n'a pas plus de raison d'être en
cette matière que dans les autres. Nous suppo-
serons donc que Paul a voulu parler seulement d'une

erreur grossière, inexcusable, comme celle qui consiste à ne pas savoir que les pupilles sont incapables de s'obliger et nous appliquerons encore notre principe d'excusabilité. La seule différence que nous ferons encore entre l'erreur de droit et l'erreur de fait, c'est que la dernière sera toujours présumée quand l'*accipens* aura établi la *justa causa* (1), tandis que la première devra toujours être l'objet d'une preuve principale. Nous pourrions ajouter que le texte de Paul étant conçu dans l'opinion que le juste titre n'est pas nécessaire pour l'usucapion, opinion condamnée comme nous l'avons vu, par Justinien, il s'est occupé de la bonne foi non pas au point de vue de la qualité du vendeur, du *tradens* et de son défaut de propriété, mais uniquement au point de vue de savoir si la bonne foi sur la validité du titre, pouvant d'après le jurisconsulte Paul suppléer à cette validité même, l'erreur de droit pourrait servir de fondement à cette seconde condition de bonne foi spécialement relative au titre et à sa validité.

A la différence de l'acquisition des fruits, il suffirait que la bonne foi eut existé à l'*initium possessionis*. Paul, après avoir dit que le possesseur peut gagner les fruits même de la chose qui n'est pas susceptible d'être usucapée, ajoute ; « In con-

____

(1) Loi XXX, *de evict.* au Dig. liv. VIII, tit. 45.

trarium quæritur, si eo tempore quo mihi res traditur putem esse vendentis, deinde cognovero alienam esse, quia perseverat per longum tempus capio, an fructus meos faciam. Pomponius, verendum ne non sit bonæ fidei possessor, quamvis capiat : hoc enim ad jus, idest capionem; illud ad factum pertinere, ut quis bona aut mala fide possideat. Nec contrarium est quod longum tempus currit : nam e contrario is qui non potest capere propter rei vitium fructus suos facit» (Loi 48, § 1, *De acq. rer. dom.*, liv. XLI, tit. I, au Dig.).

Nous signalerons en terminant deux anomalies :

1° Certains jurisconsultes exigeaient pour la possession *pro donato*, que la bonne foi persistât sans interruption jusqu'à l'expiration du temps requis (Loi 11, § 3, au Dig., *De public. in rem act.* liv. VI, tit. II).

2° Celui qui possède *pro emptore* doit être de bonne foi non—seulement à l'*initium possessionis*, à la tradition, mais encore au moment de la vente : « *si sciens stipuler rem alienam*, dit Paul, *usucapiam si cum traditur mihi existimem illius esse ; at in emptione et illud tempus inspicitur quo contrahitur : igitur et bona fide emisse debet et possessionem bona fide esse adeptus* (Loi 2, pr. au Dig. *Pro empt.* liv. XLI, tit. IV et loi 48 *de usurpat.* au Dig. liv. XLI, tit. III).

X. — DU MARIAGE ET DE L'ERRORIS CAUSAE PROBATIO.

Nuptiæ sive matrimonium est viri et mulieris conjunctio individuam vitæ consuetudinem continens.

Nous ne retrouvons dans le mariage romain aucune trace d'une influence de l'erreur, et nous ne voyons pas que la législation romaine se soit occupée de ce vice du consentement pour l'union des citoyens entre eux. L'absence de tout acte de célébration, et l'unique nécessité pour la formation du mariage de l'accord des volontés avec un certain commencement d'exécution, rendaient les surprises impossibles et l'erreur sur l'identité impraticable. Quant à l'erreur sur les qualités civiles ou physiques, la stérilité par exemple, la facilité des divorces permettait aux Romains d'y apporter un remède aussi efficace que la nullité. Le droit cononique il est vrai, avait introduit dans les derniers temps de l'Empire, une cause de nullité pour erreur sur la qualité d'esclave ; mais pendant la véritable période de la jurisprudence romaine, la question ne pouvait même pas s'élever, puisque les esclaves ne comptaient pour rien dans l'ordre civil des personnes et que le mariage ne leur était possible d'aucune manière.

C'est à propos des mariages entre citoyens Romains et Latins ou Pérégrins et ceux entre Latins et Pérégrins, que la question de l'erreur s'est élevée parceque ces personnes n'ayant pas entre elles le *connubium*, leur mariage se trouvait destitué de ses effets de pur droit civil. La femme, il est vrai, n'était pas considérée comme une concubine, ni les époux privés de ce qu'on peut appeler les conséquences naturelles du mariage, des droits de *cognatio* par exemple ; mais ils ne pouvaient profiter d'aucuns de ses effets purement civils comme la puissance paternelle et le lien d'agnation qui en dépendait, soit dans l'ordre de la cité, soit dans celui de la Latinité.

Dans le but de faciliter aux Latins et aux Peregrins les moyens d'arriver à la cité romaine ou de s'en rapprocher, on établit dans cinq cas différents d'erreur, le bénéfice de cette cité ou d'une élévation au premier des dégrés que la politique romaine avait établis entre la qualité de citoyen et celle de barbare ou étranger, au profit de ceux qui justifieraient en outre qu'il était né de leur mariage un enfant âgé d'un an au moins au moment où ils demanderaient à prouver leur erreur (c'est du moins l'opinion de M. de Vangerow *Uber, die Latini* p. 180, 185 s.).

Quoiqu'il en soit de cette dernière condition, la bonne foi n'en produisait pas moins le bénéfice que nous indiquons, au profit des deux époux et de leurs enfants :

1° Lorsqu'un Latin avait épousé une Pérégrine croyant qu'elle était Latine ou Romaine.

2° Lorsqu'une Latine avait épousé un Pérégrin *quem Latinum esse crederet.*

3° Lorsqu'un citoyen romain avait épousé une Latine ou une Pérégrine *cum eam civem romanam esse crederet.*

4° Lorsqu'une Romaine épousait un Pérégrin ou un déditice *tanquam civem romanum vel latinum.*

5° Enfin, lorsqu'un Romain qui se croyait Latin avait épousé une Latine.

Les deux premières espèces d'erreur donnaient aux deux époux le bénéfice de la latinité qui les élevait au dessus de la qualité de Pérégrin qu'avait l'un d'eux et qu'il aurait gardée en la trans—mettant à ses enfants, dans le premier cas du moins.

Dans les trois autres, c'était directement la cité romaine avec tous ses attributs qui résultaient pour les époux de *l'erroris causæ probatio.*

La seule preuve qu'on exigeât des époux, était celle de la bonne foi, d'une erreur de fait excusable et limitée aux cinq espèces différentes que nous avons émunérées. C'est Ulpien (Reg. VII, § 4) et Gaius (comm. I, § 67 a 72) qui nous donnent les

éléments de cette théorie particulière d'erreur dans
le mariage et qui parlent seuls de cette faveur exceptionnelle ; nous n'en pouvons trouver aucune trace
dans la compilation de Justinien, puisqu'il avait
commencé par donner pour base à ses institutions
civiles, l'abolition des dernières distinctions qui
avaient pu encore subsister jusqu'à lui entre les
différents sujets de l'empire.

Nous avons terminé ce que nous nous proposions
de dire sur l'erreur en droit romain. Nous nous
sommes bornés à esquisser à grands traits ses
caractères principaux dans les différentes matières
qui se relient plus ou moins à notre théorie de
droit Français.

Nous avons trouvé et constaté dans les nombreuses lois, dont nous avons reproduit les décisions, le germe d'une étude de l'erreur que nous
allons retrouver plus développée et mieux coor-
donnée dans les articles 1109 et s. 146, 180, 181
et autres du Code Napoléon. Nous aurons des
différences à signaler, et un progrès considérable à
constater dans le développement de l'influence
directe de la volonté sur les rapports juridiques ;
mais nous reconnaitrons à chaque pas dans cette
matière abstraite et qui n'avait pas grand chose
à emprunter au changement des mœurs et de

la constitution sociale, un principe et une origine necessaires dans la pensée juridique des jurisconsultes Romains de la grande époque. C'était
tout ce que nous avions à demander au droit
Romain.

DROIT FRANÇAIS

CHAPITRE I

DE L'ERREUR DE FAIT ET DE L'ERREUR DE DROIT.

La philosophie du droit signale au commencement de toute étude sur l'erreur, une distinction possible entre l'erreur de fait et l'erreur de droit.

Cette distinction qui ne peut avoir aucun intérêt en matière criminelle, puisqu'on n'y peut concevoir qu'une erreur portant sur l'existence même d'une disposition pénale, c'est-à-dire une erreur de droit, et que l'intérêt social de la répression empêche de tenir compte d'une semblable ignorance de la loi, prend une importance considérable en apparence, quand on pénètre dans la matière des contrats, et qu'on veut analyser dans leurs détails les éléments des conventions qui produisent le lien de droit.

L'erreur de fait, plus pratique et surtout plus favorable, a dû dans certains cas particuliers rencontrer de la part du législateur une plus grande indulgence ; elle a du donner ouverture à des causes de nullité qui ne peuvent pas s'étendre à l'erreur de droit, et recevoir une large application toutes les fois qu'on a pu la considérer comme l'un des éléments inséparables du rapport d'obligation dont elle altère la formation.

L'erreur de droit au contraire, constitue toujours une faute plus ou moins grave que le législateur a dû prendre en considération, en relevant celui qui l'a commise des conséquences qu'elle entraînait pour lui. Dans tous les cas d'ailleurs où le magistrat a reçu de la loi un pouvoir d'appréciation, et ce pouvoir est nécessairement fort étendu en notre matière, c'est à lui qu'incombe le devoir d'établir la différence que nous signalons, en apportant dans l'examen des faits une plus grande sévérité d'interprétation.

Quelle a été sur ce point la pensée exacte des rédacteurs du Code Napoléon et dans quelle mesure ont-ils reproduit ce vieil adage de notre ancien droit : *Nemini jus ignorare licet* ? C'est une grave question que nous renvoyons à l'étude spéciale que nous ferons dans notre chapitre IV de l'erreur de droit. Ce que nous voulons seulement poser dès à présent et avant d'aborder les difficultés de

notre sujet, c'est le principe d'une distinction qui
a sa base dans la logique du droit, qui doit nécessairement recevoir application de la part des magistrats dans les faits qui leur sont soumis, et qui
dans tous les cas justifiera la séparation complète
que nous établissons dans notre étude sur l'erreur
entre ces deux caractères d'un même vice du consentement.

Cette justification était du reste à peine utile en
présence de la manière dont la théorie de l'erreur
a été présentée par le législateur lui-même. Laissant en effet presque complètement de côté l'erreur de droit, ou du moins n'en parlant qu'à titre
spécial et exceptionnel, sa pensée est concentrée
tout entière sur l'erreur de fait, au point que certains jurisconsultes, se fondant sur le silence de la
loi, sont allés jusqu'à nier d'une manière absolue
et en dehors de ces hypothèses spécialement prévues, toute application de l'erreur de droit.

C'est ainsi que l'article 1110 du Code Napoléon,
qui est le pivot en quelque sorte de toute la matière de l'erreur, ne s'occupe expressément du
moins que de l'erreur de fait. C'est ainsi que dans
la plupart des dispositions qui se rattachent à
notre sujet, nous ne trouvons rien qui vienne
réglementer l'erreur de droit et en poser les principes, et qu'un système, que du reste nous repoussons de toutes nos forces, a pu refuser en s'ap-

puyant sur le texte même du Code, une organisation et une généralisation quelconque de cette
espèce d'erreur.

Pour nous, la pensée du législateur se dégage
bien clairement de la nature même du sujet qu'il
traite, et nous ne pouvons qu'approuver entièrement le silence qu'il garde sur l'erreur de droit. Il
était en effet complétement inutile de s'en occuper spécialement dans les articles 1109, 1110 et
autres du Code Napoléon, puisque, comme nous le
verrons plus tard, ce sont en réalité les principes
posés dans ces articles pour l'erreur de fait, qui
doivent régir l'erreur de droit, au moins dans son
principe et son influence théorique. De plus, le
sujet de l'erreur étant par lui-même un peu vague
et quelquefois subtile, le législateur se serait exposé en parlant corrélativement de l'erreur de droit
et de l'erreur de fait à jeter de l'obscurité sur cette
théorie et à créer de nouvelles difficultés. Une fois
les principes posés et les éléments essentiels de l'erreur comme cause de nullité des conventions bien
définis et bien caractérisés, c'est au jurisconsulte
qu'il appartient d'appliquer à l'erreur de droit les
règles de l'erreur de fait qui n'ont rien de contraire à sa nature propre.

C'est ce que nous nous proposons de faire dans nos
recherches sur l'erreur : nous ne nous occuperons
dans les principes que nous allons poser, que de

l'erreur de fait, et après avoir examiné en les grou-
pant dans un ordre méthodique les différentes règles
que nous rencontrerons dans le Code Napoléon,
nous traiterons d'une manière spéciale et générale
à la fois de leur application à l'erreur de droit.

La différence entre l'erreur de droit et l'erreur de fait est facile à saisir ; elle se conçoit
presque d'elle-même et peut se définir en peu de
mots. Toutes les fois qu'une personne agissant de
manière à créer entre elle et une autre personne un rapport d'obligation contractuel, s'est
trouvée sous l'influence d'une idée particulière
qui lui faisait donner à la loi un sens qu'elle
n'avait pas, ou lui dissimulait certaines dispositions législatives dont la connaissance aurait mo-
difié sa volonté, il y a ce qu'on peut appeler une
erreur de droit. L'erreur de fait se définit par sa
seule énonciation : C'est l'ignorance où se trouve
la personne qui contracte, d'une circonstance qui,
si elle lui eut été connue, aurait pu influer sur son
consentement et entraver le rapport de droit auquel il a donné naissance ; en excluant toutefois
de cette définition, ce que nous avons considéré
comme pouvant caractériser l'erreur de d roit.

L'erreur de fait comme l'erreur de droit n'agis-
sent pas toujours et sur tous les contrats d'une ma-
niére uniforme ; elles sont aussi toutes deux susceptibles de plus ou de moins. L'erreur de fait ce-

pendant comporte des subdivisions qui ne peuvent pas s'appliquer à l'erreur de droit, et c'est chacune de ces subdivisions que nous allons successivement examiner dans leur influence sur les conventions, en commençant par l'erreur sur l'objet à laquelle se rattachent toutes les autres.

CHAPITRE II

DE L'ERREUR SUR L'OBJET.

Le mot objet dans le langage juridique est susceptible d'une acception à la fois plus générale et plus restreinte que de celle qu'il reçoit habituellement. On peut le prendre, et c'est le sens que nous lui donnons en intitulant notre chapitre II *De l'erreur sur l'objet*, par opposition au mot personne. Il s'applique alors à tout ce qui se rapporte plus ou moins à l'objet, à la chose, sur laquelle porte la convention, et il comprend l'erreur *in ipso corpore*, celle qui n'attaque au contraire que les qualités substantielles ou accidentelles de la chose, l'erreur sur la cause et le motif. Mais son sens véritablement juridique, et qui s'écarte le plus du langage ordinaire, restreint au contraire son application. Pour tout le monde, l'objet d'un contrat de vente par exemple, c'est l'immeuble sur lequel elle porte ; pour le jurisconsulte ce n'est que l'un des objets, c'est l'objet de l'obligation du vendeur, c'est la chose que l'acheteur a le droit d'exiger, le bénéfice qu'il prétend tirer en échange de son obligation personnelle. L'autre objet du contrat de vente sera le prix que s'engage à payer l'acheteur et qui forme l'objet de son obligation.

Il nous suffit d'avoir rappelé ces principes sans les discuter ni les approfondir. Nous avons voulu seulement bien fixer la portée d'une expression qui reviendra souvent dans notre travail, et qui nous donnera l'occasion d'adresser à la loi une critique sur l'emploi qu'elle a fait dans l'article 1110 du Code Napoléon, de ce mot *objet* de l'obligation. En dehors d'ailleurs des difficultés spéciales où une précision particulière des termes est indispensable à l'intelligence de la loi, nous laisserons nous-mêmes de côté un rigorisme qui n'aurait pas de raison d'être, et nous resterons dans le droit commun du langage.

Pothier dans son *Traité des obligations* aux numéros 17 et suivants s'est occupé de l'erreur dans les contrats, et c'est à cette source que nos rédacteurs ont puisé les éléments des règles de l'er-

reur sur l'objet dont l'article 1110 dans son premier alinéa est l'application la plus générale. Mais à
côté des exemples judicieux que nous donne Pothier pour faire comprendre sa pensée et établir une
distinction entre l'erreur sur la chose elle-même
et l'erreur sur les qualités essentielles ou accidentelles, nous devons signaler une lacune dans l'œuvre de l'éminent jurisconsulte. Il nous montre
bien en effet et par des exemples saisissants, qu'il
existe une différence fondamentale entre ces deux
espèces d'erreur, mais il n'en déduit pas la conséquence que les principes de notre droit nous amè-
nent à en déduire, il ne fait aucune mention de ce
qu'on peut appeler la théorie des actes nuls pour
défaut de consentement et des actes simplement
annulables. Il appartenait à la législation du Code
Napoléon de tirer des principes du droit absolu
une distinction qu'impose la nécessité même des
choses et dont nous rencontrons une des applications les plus importantes dans notre matière.
Non videntur qui errant consentire, disait Pothier
avec Ulpien (1) ; *qui vi aut errore consentit tamen
consentit* dit la science moderne.

____

(1) Loi 9, pr. *contrahenda emptione,* et loi 41 § 1.

SECTION I

DU DÉFAUT ABSOLU DE CONSENTEMENT RÉSULTANT DE L'ERREUR.

C'est en dehors des articles 1109 et 1110 du Code Napoléon, c'est-à-dire en dehors de la théorie des vices du consentement, que nous devons chercher notre solution. Ces deux dispositions et toutes celles que nous pourrons leur rattacher par la suite, s'occupent en effet d'un consentement valable en principe, d'un consentement efficace en lui-même, mais qui se trouve entaché d'un vice d'erreur qui ne permet pas à la loi d'en maintenir les effets, quand l'une des parties a établi judiciairement l'existence de cette erreur à son préjudice. Cette idée est exprimée tout au long dans l'article 1117 Cod. Nap. qui déclare que : «la convention contractée par erreur, violence ou dol n'est point nulle de plein droit, qu'elle donne seulement lieu à une action en nullité ou en rescision dans le cas et de la manière expliquée..... (ch. 2). »

Voilà ce qui caractérise ce qu'on appelle l'annulabilité d'une convention. Le contrat s'est régulièrement formé dès le principe, les parties ont bien fait porter leur volonté sur une même chose et une même nature de convention ; la loi tenant alors *a priori* le contrat pour régulier, en assure toutes les conséquences. Mais s'il se trouve que l'une des volontés n'ait pas été libre ou qu'elle ne soit intervenue que par suite de machinations frauduleuses ou sous l'empire d'une erreur, l'article 1117 vient au secours de celui dont la volonté a été incomplète en autorisant le juge à délier en quelque sorte les deux parties et à leur rendre la liberté qu'elles avaient avant de s'obliger réciproquement.

Il semble dès lors que la distinction que nous voulons faire entre la nullité proprement dite et l'annulabilité n'est qu'une complication inutile et une dispute de mots, puisqu'après la nullité prononcée les parties se trouvent dans le même état que si aucun consentement n'avait été donné. Il ne peut en effet s'agir de nullité ni d'annulabilité pendant que le contrat tient encore et n'a pas été attaqné ; et d'autre part, quand l'existence de l'erreur a été reconnue par un jugement, à quoi bon distinguer davantage puisque le contrat est rétroactivement effacé et que les conséquences de la convention sont anéanties dans le passé comme dans l'avenir.

Des différences considérables séparent cependant ces deux espèces de nullités ; aussi quoique leur étude sorte un peu de notre sujet nous y reviendrons à cause de leur importance.

après avoir parcouru les hypothèses où l'erreur empêche l'existence même du consentement. Nous pensons que des explications sur ce point trouveront mieux leur place quand nous connaîtrons les caractères mêmes des nullités qui sont la base de leurs différences.

L'expression *erreur obstacle* est avec raison choisie par la plupart des auteurs pour indiquer un défaut absolu de consentement résultant de l'erreur, une erreur qui empêche l'accord des volontés de se réaliser en lui opposant un obstacle radical. On désigne sous le nom d'*erreur-nullité* celle qui ne fait au contraire que vicier le consentement sans pour cela l'empêcher de produire tout son effet jusqu'à ce que l'existence et la gravité du vice en lui-même ait été judiciairement reconnue.

Quatre conditions sont essentielles pour la validité d'une convention aux termes de l'article 1108 Cod. Nap. : 1° le consentement de la partie qui s'oblige ; 2° *sa capacité de contracter* ; 3° *un objet certain qui forme la matière de l'engagement* ; 4° une cause licite dans l'obligation.

La seconde et la troisième condition ne doivent nous occuper à aucun point de vue et nous les laissons dès maintenant complètement de côté. Nous écarterons aussi pour le moment la quatrième, c'est-à-dire tout ce qui se rattache à la *cause dans l'obligation* et nous en parlerons dans une section

particulière, après avoir épuisé tout ce qui se rapporte à la chose même qui fait l'objet de la convention, ses qualités et ses accessoires.

Il faut un consentement, et c'est on le comprend
sans peine, la première des conditions et la plus
essentielle de toutes ; car on ne peut pas concevoir
entre deux personnes un lien de droit résultant de
leur seule volonté, sans que cette volonté ait été
exprimée par un consentement.

 Contractant avec Pierre qui veut me vendre sa
maison de Paris, je me figure soit parce que je
m'exprime mal, soit parce que lui-même, ne se
fait pas bien comprendre, qu'il s'agit de sa maison
de Londres. Il y a là comme nous le voyons, une
erreur de ma part et une erreur qui ôte toute
espèce de force au prétendu consentement que j'ai
donné ; car qu'est-ce qu'un consentement si ce
n'est l'accord de deux volontés qui se rencontrent
sur un même point? Or ici y a-t-il un accord quelconque, même imparfait, même aussi défectueux
qu'on le voudra? évidemment non. Nous avons
envisagé dans nos pensées et dans les paroles que
nous avons échangées, deux objets complétement
distincts et qui n'ont aucun point de commun ;
il est impossible d'en faire la base d'un contrat
quelconque, et nous aurons ici une erreur obstacle, c'est-à-dire une erreur tellement considérable, qu'elle altère entièrement et dans son es—

cence la volonté qui en a été la conséquence. Nous devrons donner la même décision et par des motifs identiques , dans l'hypothèse où allant trouver Pierre par exemple, je lui propose de lui vendre mon cheval qu'il consent lui au contraire à me louer, sans bien entendu nous nous apercevions au moment où nous échangeons nos promesses, du *quiproquo* que nous faisons ; sans quoi il n'y aurait plus que deux projets sans suite ou une plaisanterie qui resterait en dehors de toute discussion juridique.

Il est facile de voir qu'il y a ici comme dans l'espèce précédente, non-seulement un consentement incomplet et vicieux, mais un dissentement absolu qui nous a placés tous les deux à un point de vue d'obligation tout à fait différent, et nous laisse chacun avec notre liberté entière malgré l'apparence de contrat qui est résultée de nos paroles.

Si au contraire, vendant à Pierre une bague en cuivre que je crois et qu'il suppose aussi être en or, il vient à découvrir notre erreur, il n'y a plus ce que nous avons appelé une erreur-obstacle, car les éléments essentiels à notre obligation réciproque existent en réalité et nous avons identité de chose et même nature de contrat. C'est bien en effet cette bague que j'ai voulu vendre et qu'il a eu l'intention d'acheter ; comme cependant son consentement se trouve entaché d'une erreur que nous appellerons bientôt erreur sur la substance de la chose, il pourra faire annuler la convention qui d'ailleurs, jusqu'à ce que cette nullité ait été prononcée, tiendra bonne et valable en vertu des articles 1109, 1110 et 1117, Cod. Nap., et se séparera du simulacre de vente dont nous avons parlé tout à l'heure à plusieurs points de vue extrêmement importants.

Quand le rapport d'obligations que voulaient créer les parties a manqué de se former par suite d'un vice entraînant la nullité absolue du consentement, il n'existe aucun lien de droit, aucune nécessité juridique entre elles ; il n'y a qu'un fait pur et simple qui ne peut être invoqué par personne, et qui n'est même pas susceptible d'entraîner une ratification tacite par l'exécution volontaire que les parties auraient faite de cette convention. Disons mieux, la ratification expresse n'est même pas possible ; si les parties avaient fait un contrat de cette nature, il n'aurait de valeur qu'autant qu'on pourrait l'envisager comme créant à nouveau le contrat nul et il perdrait ainsi son caractère même de ratification (1).

Il suit de là qu'aucune prescription ne peut le consolider, car la prescription n'est au fond qu'une espèce de ratification ; nul *ab initio*, il le sera toujours, et à quelque moment que j'aie intérêt à

____

(1) Voy. toutefois une exception à cette règle dans l'hypohèse prévue par l'article 1340 Cod. Nap.

invoquer la nullité, je pourrai m'en prévaloir. Si par ignorance, ou même dans la pensée de donner par mon exécution une force à la convention, j'ai livré à mon prétendu créancier la chose qui en était l'objet, je puis agir contre lui comme contre un simple possesseur et sans être obligé d'administrer d'autre preuve que celle de sa détention. A la vérité, mon action en revendication sera prescriptible par trente ans ; mais le fondement unique de cette fin de non—recevoir sera l'acquisition de la propriété par la possession et non pas l'extinction de l'action en nullité par une prescription quelconque.

Ajoutons que le contrat n'ayant aucun effet entre les parties, n'en a pas davantage vis à vis des tiers : tout intéressé, un possesseur par exemple qui se serait emparé de la chose et qui la détiendrait sans cause, pourrait repousser complètement l'action de celle des deux parties qui ne saurait la fonder que sur le prétendu contrat.

La solution est bien différente si nous examinons un contrat simplement annulable. Nous avons alors en effet une convention qui n'a pas seulement l'apparence d'un contrat valable, mais qui en a toute la réalité, jusqu'à ce que la nullité ait été prononcée. Il en résulte que les parties contractantes ou leurs ayants-cause (1) seront seuls rece-

____

(1) Voy. aussi l'application de ce droit aux créanciers en vertu de l'article 1166 Cod. Nap.

vables à en demander la nullité et pourront opposer le contrat aux tiers, tant qu'elle n'aura pas été prononcée par la justice.

Il va de soi que le contrat annulable est susceptible de ratification expresse ou tacite, puisque c'est précisément pour les conventions imparfaites que les règles en ont été créées. La loi va même jusqu'à soustraire cette action en nullité à la prescription ordinaire de trente années, et elle décide dans l'article 1304 Cod. Nap. qu'après l'expiration du délai de dix ans (1) la convention demeurera inattaquable.

Nous avions donc raison d'exclure de la théorie générale des vices du consentement et de l'application de l'article 1117 Cod. Nap. les deux hypothèses d'erreur que nous avons énoncées en commençant sur l'article 1108 (2) ; nous venons de voir par quels caractères elles s'en distinguent et quelles graves différences les en séparent. L'erreur sur la cause nous donnera encore une fois l'occasion de rappeler les principes de cette

---

(1) La plupart des auteurs considèrent ce délai de dix ans comme une véritable prescription C'est aussi notre pensée. Voyez cependant en sens contraire Marcadé sur l'article 1304.

(2) L'erreur sur le chiffre d'un prix de vente, quand l'offre a été inférieure à la demande, constitue aussi une erreur sur l'identité de la chose et rentre sous l'application de l'article 1108. Si au contraire l'offre avait été par erreur supérieure à la demande, le contrat serait valable jusqu'à concurrence de la somme la plus faible.

distinction qui dominent toute la matière des nullités.

SECTION II

DE LA CHOSE ENVISAGÉE DANS SES QUALITÉS SUBSTANTIELLES ET ACCESSOIRES.

Une chose ne se caractérise pas seulement par sa forme extérieure et son identité, elle se compose encore de différents éléments plus ou moins importants, plus ou moins essentiels qui constituent son individualité, sa manière d'être particulière et à elle propre. Quelques-uns de ces éléments n'ont d'autre effet que de lui donner une qualité bonne ou mauvaise et n'altèrent que faiblement son individualité ; c'est ce qu'on peut appeler les qualités accessoires ou accidentelles, qualités qui viennent s'ajouter à la chose déjà une et complète et déterminer plus nettement son caractère, mais sans avoir jamais assez d'importance pour l'altérer et le confondre avec celui d'une autre chose plus ou moins semblable.

Certains autres éléments au contraire, et ceux-là sont les éléments substantiels ou essentiels, servent à individualiser la chose, à lui créer une personnalité, une manière d'être qui la rend absolument différente de telle autre chose qui sous d'autres rapports, la forme par exemple, ou même la composition organique, lui serait identique.

Quelques exemples feront mieux comprendre notre pensée. Un auteur à la mode publie un livre; je le sais spirituel, profond penseur, bon écrivain; persuadé que sa dernière publication est excellente, j'achète le livre et je n'y trouve que paradoxes et sottises. Ma pensée s'était cependant fixée sur un ouvrage dont la lecture me serait agréable et utile, et si je rencontre quelque chose d'insipide à lire, d'impossible à comprendre, j'ai complétement manqué mon but! Evidemment j'ai commis une erreur sur la chose que j'avais en vue en contractant avec le libraire et je n'ai pas obtenu du contrat le résultat que j'attendais. Est-ce à dire pour cela que je pourrai retourner chez le libraire et le contraindre à reprendre son volume? Certainement non: nous avons en effet tous les éléments d'un contrat parfaitement régulier, et c'est bien ce volume que j'ai voulu acheter, un ouvrage de tel auteur, de telle édition. L'erreur ne porte ici que sur des qualités tout à fait accessoires; elles peuvent être graves quelquefois, puisque dans ma pensée elles ont peut-être été le seul motif qui m'ait porté à contracter; mais les qualités qui manquent à ce livre, n'altèrent en rien son individualité puisqu'elles n'étaient pas nécessaires pour la constituer, et que l'ouvrage de M. X... pour être détestable, n'a rien de commun avec les nombreux ouvrages qui lui ressemblent sur ce point.

Désireux au contraire d'augmenter une collection de curiosités que je possède déjà, j'achète pour un prix considérable un bouton que je trouve chez un marchand de ces sortes de choses. Je crois, et mon vendeur le croit aussi, que ce bouton a été enlevé à la redingote d'Austerlitz. Quelque temps après, je découvre que j'étais dans l'erreur, que mon bouton ne représente pas le souvenir que je lui attribuais. Aurais-je le droit de faire annuler la vente qui m'en a été consentie ? Incontestablement oui. Le contrat s'est formé à l'origine, car c'est bien sur ce bouton que nos volontés se sont rencontrées, mais il y a dans mon consentement une erreur sur la substance, une erreur sur le point de vue fondamental auquel je me suis placé en contractant et qui caractérisait l'individualité de l'objet que j'achetais. C'est un bouton de la redingote grise que j'ai voulu acquérir et non pas un bouton de telle forme, qualité ou couleur; et celui que je possède fut-il sur tous ces points identique avec celui que je croyais avoir acheté, la substance même de la chose ne s'en trouve pas moins entachée par l'erreur que j'ai commise.

L'erreur sur l'objet d'une convention ne doit donc être une cause de nullité de cette convention qu'autant qu'elle porte sur les qualités essentielles de la chose qui forme cet objet ; c'est la règle que nous trouvons écrite dans le premier alinéa de l'article 1110 du Code Napoléon qui décide que « l'erreur n'est une cause de nullité de la convention, que lorsqu'elle tombe sur la substance même de la chose qui en fait l'objet. »

Les exemples que nous venons de donner pour expliquer la différence qui existe entre ces deux espèces d'erreur, nous font bien voir quelle a été la pensée du législateur, et quelle est la nature des actes qu'il a voulu frapper de nullité. Mais il est des hypothèses nombreuses où la nuance entre les qualités essentielles et accidentelles devient extrêmement délicate, et c'est là ce qui constitue la seule difficulté réelle qu'ait soulevé l'application de cette première partie de l'article 1110.

Quelques jurisconsultes ont essayé de poser dans les faits des règles générales ; nous ne les suivrons pas sur ce terrain dangereux. Nous considérons, quant à nous, toute règle absolue comme impossible à formuler, et nous nous contenterons d'énoncer quelques principes complémentaires de la distinction que nous avons établie en raison et en droit. Mais nous ne les donnerons qu'à titre de guide et d'éclaircissement dans l'interprétation des faits en eux-mêmes sur lesquels seront soulevées les difficultés d'application, et nous croirons être restés

dans la pensée exacte des rédacteurs du Code Napoléon, qui ont voulu accorder au juge en s'abste-
nant de définir le mot substance, un pouvoir d'appréciation considérable et n'ayant d'autre limite que
les règles du simple bon sens d'où découle cette
distinction elle-même (1).

Les différents caractères des qualités essentielles
d'une chose peuvent être ramenés à deux idées
principales : La substance d'un objet peut être considérée dans sa nature matérielle et on peut la
trouver aussi dans le point de vue particulier auquel
on s'est placé en contractant. La substance d'un
corps n'est en effet que sa manière d'être principale et individuelle, et qui le distingue de tous les
autres corps ; elle existe tant dans sa nature même
que dans des circonstances étrangères à son organisation et qui sont venues le revêtir d'une personnalité nouvelle pour le faire figurer au contrat
dont il est l'objet.

La substance d'une bague en or c'est d'être véritablement en or, et si c'est par erreur qu'en l'a-
chetant je l'ai considérée comme telle tandis qu'elle
n'était qu'en cuivre, je trouverai dans cette circonstance, ouverture à une action en rescision pour

(1) M. Bigot Préameneu disait dans son Exposé des Motifs sur
l'article 1110 : « une législation sage ne saurait maintenir un
contrat qui est le fruit de l'erreur, lorsque le juge peut être
convaincu que la partie ne se serait obligée si elle n'avait pas
été dans cette erreur » (Locré, t. 12, pag. 319.)

cause d'erreur et fondée sur l'article 1110.

Nous pouvons citer comme exemple de l'erreur sur la qualité spécialement envisagée dans le contrat, ce que nous venons de dire sur l'achat d'un bouton dans la pensée qu'il a telle provenance particulière ; nous pourrions appliquer la même idée à une bague qui, dans la croyance du vendeur et de l'acheteur, aurait appartenu à tel personnage illustre, à une monnaie antique qui aurait été frappée sous tel règne ; à un cheval que nous aurions cru de telle ou telle race, si la race a joué un rôle important dans notre contrat. La même idée sera aussi applicable à un tableau que nous aurions attribué à te maître tandis qu'il n'était pas dellui. Peu importera d'ailleurs, dans ces deux dernières espèces, que le cheval soit bon ou mauvais, le tableau bien ou mal peint ; ce ne sont que des qualités purement accidentelles et qui ne peuvent pas aux termes de l'article 1110 altérer le rapport de droit sur lequel elles portent. Il a été jugé dans ce sens que l'inscription mise au bas d'un tableau d'un nom qui n'est pas celui de l'auteur véritable, ne peut pas constituer un vice essentiel s'il n'est pas établi que c'est principalement en considération de ce nom que l'acquisition a été faite ; cette décision est tout à fait conforme selon nous à l'interprétation de l'article 1110 (1).

(1) Tribunal de la Seine, 30 janvier 1848. — Cour de Paris, 9 janvier 1849. — Larombière t. I, art. 1110. — Aubry et Rau, I, 3, p. 274 note 3.

Nous trouvons dans la doctrine et dans la jurisprudence (1) une application importante de nos principes à une question de translation de propriété immobilière. Propriétaire d'un immeuble dont l'usufruit appartient à un tiers, je vends les droits que j'ai sur cet immeuble sans parler d'usufruit ni de nue-propriété, mais dans la pensée que cet usufruit dure toujours. Je découvre après la vente, que l'usufruit s'est éteint par la mort du bénéficiaire et qu'il était déjà réuni à la nue-propriété au moment où j'ai contracté. La Cour de cassation maintenant un arrêt de la Cour de Paris sur l'espèce d'une vente judiciaire faite dans ces circonstances, décide à bon droit que l'erreur que j'ai commise sur la qualité de ma chose en méconnaissant mes droits à la propriété complète, constitue une erreur sur la substance susceptible d'entraîner la nullité du contrat. Nous ne pouvons mieux justifier ce système qu'en reproduisant les considérants qui ont déterminé la Cour suprême à se prononcer en ce sens et que nous lisons dans l'arrêt de Paris. « Considérant, etc., que vainement on prétendrait que l'usufruit est une simple qualité de la propriété momentanément séparée d'elle, ou qu'il doit être assimilé à une servitude, » et la

____

(1) Demolombe, oblig. n° 64 — Cassation 8 mai 1858 — Paris, 13 décembre 1856.

Cour de cassation : « Attendu que par suite de cet événement, (la mort de l'usufruitier) la pleine propriété a été transmise à l'acquéreur à l'insu des deux parties, qu'il en est résulté une erreur qui a dû vicier le consentement, puisqu'elle a porté sur la chose même, ou en a altéré profondément la substance; que c'est donc à bon droit que l'arrêt a annulé la vente en faisant une juste application des articles 1109 et 1110 du Code Napoléon .... etc. »

Les éléments accidentels et accessoires ne devaient pas avoir sur le sort de la convention une influence aussi grande; la loi même n'en tient aucun compte lorsqu'ils ne produisent qu'une erreur pure et simple, et qu'ils ne sont pas accompagnés de dol ou de manœuvres frauduleuses. La garantie de la stabilité des conventions exigeait d'une manière absolue qu'on les écartât des causes de rescision, alors même qu'ils auraient été le motif déterminant de la convention, et que la partie trompée n'aurait pas contracté si elle en avait eu connaissance. Mais les tiers n'auront plus droit à la même protection quand l'erreur n'aura été que la conséquence d'un autre vice du consentement, du dol, qui entraîne la rescision de la convention par le seul fait de son existence et la preuve d'un préjudice souffert par celle des deux parties qui a été la victime de l'autre.

Avant de terminer ce qui concerne l'erreur sur les qualités de la chose (1), nous croyons utile de dire quelques mots des vices rédhibitoires qui leur touchent de si près. Nous préviendrons ainsi une confusion fréquente de ces deux matières essentiellement distinctes comme on va le voir (2).

C'est à propos de l'obligation de garantie imposée au vendeur, que nous trouvons dans la loi l'explication de l'influence sur le contrat de vente, des défauts cachés de la chose appelés généralement vices rédhibitoires. Lorsqu'après la formation du contrat, l'acheteur vient à découvrir que la chose est vicieuse dans son organisation, qu'elle est incomplète au point de devenir im-

---

(1) L'erreur sur la quantité n'est pas par elle-même une cause de nullité de la convention comme sembleraient l'indiquer les articles 1617 à 1623 Code Nap. qui s'occupent de la déclaration inexacte de contenance. Pour qu'il y ait application au droit de résiliation qui résulte dans certains cas de ces différents articles, il faut que la contenance ait été indiquée au contrat. Elle devient alors une condition tacite ajoutée à la formation du contrat de vente, condition résolutoire qui n'empêche pas le transport immédiat de la propriété, mais autorise sous certaines règles particulières l'acheteur à résilier son engagement.

En dehors de cette déclaration, l'erreur sur la quantité se réduirait à une question de lésion et aux termes de l'article 1674 Code Nap., la rescision d'un contrat pour cause de lésion n'appartient jamais qu'au vendeur d'immeuble.

(2) Voy. sur ce point M. Larombière (obligations, art. 1110).

propre à l'usage auquel elle était destinée ou au moins assez défectueuse pour ne pas valoir le prix qui convenait à une chose en bon état, l'article 1644 Cod. Nap. vient à son secours, et lui permet d'obtenir de son vendeur une indemnité qui consistera soit dans la résolution du contrat avec dommages-intérêts en cas de mauvaise foi, soit dans une diminution proportionnelle du prix qu'on fixera par règlement d'experts.

C'est cette alternative qui constitue proprement l'action en garantie, et la distingue de la nullité que produit l'erreur sur la substance, nullité qui résultera forcément, et sans le tempérament possible d'une diminution de prix pour valider le contrat, de la preuve apportée au juge de l'existence de cette erreur.

Qu'est-ce en effet qu'un vice rédhibitoire et en quoi l'erreur dont il est l'objet diffère-t-elle de celle qui porte sur la substance même de la chose? Nous avons dit que la substance d'une chose était sa qualité principale, sa qualité distinctive qui la plaçait dans telle ou telle catégorie d'objets, suivant que cette substance était prise ou non en considération ; qu'une erreur sur la substance déplaçait véritablement le consentement d'une chose à une autre, puisque la pensée des parties s'était portée sur une individuatité entière et complète tandis que les paroles de leur consentement portaient sur une autre individualité non moins complète et indépendante. Dans l'achat d'une bague en cuivre, par exemple, et que l'on croit en or, nous rencontrons ces deux individualités qui peuvent former chacune séparément l'objet d'une convention.

Que voyons-nous au contraire dans un vice rédhibitoire? prenons la même bague : sa substance sera l'or ou le cuivre suivant que nous aurons envisagé l'un ou l'autre. Un vice rédhibitoire sera par exemple une cassure habilement dissimulée et qui rend la bague jusqu'à un certain point impropre à l'usage auquel elle était destinée. Le vice rédhibitoire, comme nous le voyons, n'altère en rien la substance de la chose et n'a aucune influence directe sur le consentement qui a produit le contrat ; l'individualité sur laquelle il porte sera dégradée, modifiée par son existence, mais n'en subsistera pas moins d'ensemble et sans aucune altération dans son caractère distinctif.

C'est là ce qui nous explique la différence entre les deux actions qui s'appliquent à chacune de ces hypothèses. Dans l'erreur sur la substance, nous voyons une nullité prononcée parce que le consentement a été vicié dès le principe et en lui-même ; tandis que dans les défauts cachés nous ne voyons qu'une action en garantie, dont le but et le résultat seront une indemnité au profit de l'acheteur, indemnité qui revêtira la forme d'une nullité

quand l'acheteur jugera la chose tout à fait impropre à l'usage qu'il en attendait, mais sans que cette
nullité ait sa base dans un vice du consentement
proprement dit.

De cette différence de principe et entièrement
doctrinale, en découlent plusieurs autres dont l'importance est beaucoup plus pratique et qui ont
seules, il faut bien le dire, un intérêt sérieux. Tout
d'abord quant à la preuve ; celui qui invoquera
l'existence d'un défaut rédhibitoire devra être traité
plus sévèrement et devra établir aux termes de
l'article 1241 qu'il n'aurait pas acquis la chose ou
n'en aurait donné qu'un prix moindre s'il eût
connu son véritable état ; tandis que la preuve de
l'erreur sur la substance donne à elle seule ouverture à la nullité.

D'autre part, aux termes de l'article 1648 Cod.
Nap. l'action résultant des vices rédhiditoires doit
être intentée dans un bref délai dont la détermination est entièrement livrée aux circonstances de
fait, tandis que dans l'erreur sur la substance, la
loi autorise l'action en rescision pendant les dix
années qui suivent la découverte de l'erreur; elle
ne veut pas présumer trop tôt une ratification
tacite qui n'est peut-être pas dans la pensée des
parties.

Ajoutons enfin que si les vices rédhibitoires
perdent d'après l'article 1649 Cod. Nap. leur ca-

ractère de défauts cachés quand il s'agit d'une vente faite par autorité de justice, la loi ne pouvait pas aussi facilement mettre obstacle à la nullité pour erreur sur la substance.

Les vices rédhibitoires ne devront pas être non plus confondus avec ce que nous avons appelé les qualités accessoires, dont ils diffèrent d'une manière au moins aussi importante. Les termes mêmes de vice ou de défaut, qui supposent quelque chose d'accidentel, d'étranger à la nature même de la chose, à côté de ceux des qualités bonnes ou mauvaises, c'est - à - dire de qualités inhérentes soit à la forme soit à la composition organique de la chose, indiquent suffisamment cette différence fort simple en elle—même. D'ailleurs, la difficulté disparaîtra en fait dans les circonstances particu lières à chaque cause, et trouvera dans la sagacité du magistrat une solution que la théorie ne peut pas généraliser.

SECTION III.

DE LA CAUSE ET DU MOTIF AU POINT DE VUE DE L'ERREUR

La cause et le motif sont deux éléments d'une même obligation qui diffèrent entre eux d'une manière radicale, et aboutissent dans l'erreur à des conséquences juridiques absolument opposées.

Dans leur sens ordinaire, on ne les distingue guère l'un de l'autre et on les confond tous deux sous la même qualification de *mobile du consentement, de raison déterminante*. Dans le langage juridique, ce caractère n'appartient qu'au motif; il reste seul la raison extérieure, indépendante des éléments mêmes de la convention, et qui détermine un individu à contracter. Désirant par exemple faire un voyage d'agrément, et n'ayant pas à ma disposition les fonds nécessaires, je les emprunte à un de mes amis et je m'oblige à les lui restituer à mon retour; le motif de mon obligation, la raison extérieure qui m'a porté à contracter cette obligation, est précisément le voyage que je veux entreprendre, la satisfaction que j'espère en tirer. On voit qu'il prend naissance complétement en dehors du rapport d'obligations, et qu'il a une existence tout à fait séparée de la convention elle-même.

La cause au contraire, est, comme nous l'avons déjà vu dans l'article 1108 Code Nap., non-seulement l'un des éléments de la convention, mais même une condition essentielle sans laquelle aucun lien juridique ne pourrait se *former, ni donner* naissance à un rapport d'obligation; c'est le but immédiat qne s'est proposé chacune des parties en contractant, le bénéfice direct qu'elle a prétendu tirer en échange de son obligation personnelle.

Reprenons l'hypothèse précédente, et demandons-nous quel a été mon but immédiat quand je me suis obligé à restituer une somme d'argent à mon ami ? La réponse n'est pas douteuse ; évidemment cette cause a été l'acquisition de pareille somme dont j'avais besoin pour faire mon voyage. Si au lieu d'emprunter de l'argent, je me décide à vendre pour me le procurer, une maison, un cheval qui m'appartient, le motif de mon consentement au contrat sera toujours le désir de faire un voyage ; mais la cause de mon obligation de vendeur, de mon dessaisissement de propriété, si je puis m'exprimer ainsi, sera l'acquisition d'une créance contre mon acheteur, laquelle créance réalisée dans le prix de vente me fournira les deniers qui me permettront de partir.

Dans quelle mesure la cause coopère-t-elle à la perfection du contrat et jusqu'à quel point l'erreur qui la dénature entache-t-elle celui-ci, c'est ce que nous indique l'article 1131 Cod. Nap. qui s'occupe du défaut absolu de cause et de la fausse cause. Avant d'en aborder l'explication, parcourons d'abord de tout ce qui se rapporte au motif proprement dit, et voyons s'il peut, quand il est erroné, avoir quelqu'influence sur le sort d'une convention.

Le motif d'une convention est toujours en règle générale quelque chose d'essentiellement personnel à celui qui s'oblige, et ne se traduit presque jamais d'une manière extérieure dans le rapport d'obligations qui dépend le plus souvent de lui. Il résulte de là, que restant complétement enfermé dans la pensée de celui qu'il fait agir, on ne peut pas le considérer comme ayant figuré parmi les éléments du contrat, et comme pouvant avoir une influence quelconque sur un rapport juridique qui lie deux personnes dont l'une lui est restée complétement étrangère.

Il tombe en effet sous le plus simple bon sens, qu'une personne qui contracte avec une autre, n'ait pas à se préoccuper du mobile qui a fait agir celle-ci, et qu'elle puisse compter sur la solidité de son contrat quand les éléments directs et essentiels à sa perfection se trouvent réunis.

Toullier (1) cependant, semble n'avoir pas compris en principe du moins, cette idée pourtant si simple et si équitable. Partant d'une distinction qu'il établit entre le motif déterminant et le motif non déterminant, il arrive à décider que dans le premier cas le contrat sera nul, tandis qu'il devrait être maintenu dans la seconde hypothèse. Il nous est impossible quant à nous d'accepter ce système qui ne repose sur aucune considération vraiment juridique, et qui a surtout pour résultat d'apporter dans notre sujet une complication inutile.

(1) Tome VI, chap. II, art. 1er nos 39 et suiv.

Lorsque le motif ne peut pas être considéré comme déterminant, lorsqu'il ne joue qu'un rôle secondaire dans la convention, nous tombons facilement d'accord avec l'illustre commentateur et nous disons avec lui que les deux parties n'ont à se tenir compte vis-à-vis l'une de l'autre, que du consentement en lui même. C'est en effet ce consentement qui est la traduction définitive de la pensée de celui qui s'oblige, et nous n'avons aucunement à nous inquiéter de telle ou telle idée étrangère qui avait pu en modifier la direction.

Légataire universel d'un de mes cousins qui laisse une fortune considérable, je dote une de mes nièces, et j'ai pour motif de ma libéralité, l'augmentation qui est survenue dans ma fortune. Il arrive ensuite que mon legs universel tombe par la découverte d'un testament postérieur à celui qui m'instituait héritier ; pourrai-je en invoquant une erreur que j'aurais commise sur le motif de ma libéralité, en demander la révocation ? Toullier n'hésite pas à consacrer la négative et nous partageons son opinion ; mais quand il arrive à ce qu'il appelle le motif déterminant, c'est alors que nous sommes obligés de nous séparer de sa doctrine et de repousser une distinction qui ne trouve sa justification ni dans les textes, ni même dans aucune considération d'utilité.

Le motif déterminant est celui sans lequel la

convention n'aurait pas été formée, le but principal que s'est proposé d'atteindre une des parties en contractant. Est-il nécessaire de créer pour ce motif un ordre spécial de nullités ? Le motif déterminant peut-il en lui-même revêtir une individualité et prendre rang parmi les différentes conditions du consentement ? Nous avons véritablement peine à le croire, car en examinant les choses de plus près, nous trouvons que chacune des hypothèses qu'il peut embrasser, rentre dans un autre élément du contrat. Il est dès lors tout à fait inutile d'en faire une espèce particulière d'erreur, et surtout d'y attacher une sanction générale de nullité, alors que c'est seulement en fait et en démembrant ses applications que nous devons nous prononcer.

Le motif déterminant porte-t-il sur l'obligation même de mon adversaire? Traitant par exemple avec un légataire particulier dont le legs se trouve avoir été révoqué par un testament postérieur, ai-je fait une novation par changement d'objet; le motif déterminant de mon obligation, partant de l'idée que le legs était valable, a été de l'obliger envers moi à n'en pas demander l'exécution en échange de ce que je lui promettais moi-même.

Mais par la définition même que nous en avons donnée plus haut, ne voit-on pas de suite que nous rentrons complétement dans l'erreur sur la cause ; qu'alors mon obligation sera complétement nulle comme nous le verrons plus tard, et que nous n'avons que faire de savoir si l'objet de l'obligation du légataire a été ou non le motif déterminant de mon consentement ?

Déplaçons maintenant le motif déterminant et faisons le porter sur un fait étranger aux éléments mêmes du contrat. La première difficulté s'élève d'abord sur le point de savoir comment on le distinguera de celui qui ne l'est pas, et nous avouons quant à nous que la ligne de démarcation nous paraît difficile à déterminer. Mais quoi qu'il en soit, supposons qu'ayant égaré ma montre et la croyant perdue j'en achète une autre avec l'idée de ne pas la conserver si je retrouve la mienne, et en ne donnant au contrat d'achat qui se passe entre mon vendeur et moi, qu'un caractère provisoire et résoluble. De deux choses l'une : ou bien j'aurai manifesté cette pensée en contractant, et l'horloger ayant consenti à me vendre la montre avec cette modification dans le contrat, nous aurons tout simplement une vente conditionnelle, une vente qui ne sera définitive que si dans un certain délai je n'ai pas retrouvé ma montre perdue ; la condition obligera toutes les parties sans distinguer si elle a été le motif déterminant ou accessoire, car du moment où elle est exprimée et acceptée par elles, elle devient leur loi commune sans que nous ayons à nous occuper en quoi que ce soit, de l'influence qu'à pu avoir l'erreur sur la formation du contrat. Ou bien, j'aurai gardé au fond de ma pensée la restriction que j'apportais à ma volonté d'acheter, je n'aurai fait aucune part à l'horloger du motif qui me faisait m'adresser à lui, et c'est dans de pareilles circonstances qu'on voudrait me permettre après que j'aurai retrouvé ma montre, d'aller lui rendre la sienne et d'exiger le remboursement du prix que je lui ai payé ! En vérité, c'est prendre trop de souci de la pensée des gens, que d'en tirer une conséquence aussi peu équitable contre celui qui n'aurait pas eu la perspicacité de la deviner pour en faire un élément de son contrat.

Permettre sur un pareil motif aussi déterminant qu'il ait pu être pour l'acheteur, mais soigneusement caché au vendeur afin d'obtenir de lui les conditions favorables d'un contrat définitif tandis qu'il ne serait que conditionnel, permettre d'annuler ainsi une convention régulièrement formée, ce serait détruire entièrement le principe de la stabilité des contrats, et les priver de leur garantie la plus essentielle. Aussi nous devons dire que Toullier n'a insisté lui-même sur cette dernière face de notre question, que pour adopter la solution que nous venons de proposer.

Nous sommes donc autorisés à attribuer cette doctrine à une confusion entre l'erreur sur la cause et l'erreur sur le motif, confusion qui n'a rien d'ailleurs que de très-exact au premier point de vue que nous avons examiné, mais dont Toullier a eu incontestablement le tort de tirer une règle générale pour le motif, qui encore une fois doit disparaître d'une manière absolue de toute discussion sur l'erreur et ses nullités, et de faire à ce propos une règle et une distinction que nous devions combattre de toutes nos forces.

Revenons à la cause dans l'obligation. L'obligation sans cause ou sur fausse cause ne peut avoir aucun effet (art. 1131, Cod. Nap.) Nous quittons en abordant l'examen de cet article, tout ce qui concerne l'annulabilité ; nous revenons aux vices radicaux du consentement qui empêchent la convention même de prendre naissance. La cause étant en effet le but immédiat que se propose chacune des parties, c'est-à-dire dans les contrats unilatéraux, la chose en vue de laquelle l'obligé donne son consentement, et dans les conventions synallagmatiques celle qui forme l'objet de l'obligation de l'autre partie pour chacune d'elles, si on vient à reconnaître postérieurement que cette chose a déjà péri ou que l'objet de cette obligation n'existait pas, le consentement qui a été donné se trouve avoir reposé sur une base sans consistance et doit disparaître avec elle.

L'obligation sans cause ne se conçoit guère que

dans les contrats à prestations successives. On ne comprend pas en effet qu'une personne s'oblige sans avoir un but, sans attendre quelque chose en échange de son obligation, ne fût-ce que la satisfaction qui résulte d'une donation.

La fausse cause au contraire est d'une application pratique importante , et on comprend plus facilement que deux individus qui contractent ensemble se soient trompés sur l'existence de la chose qui fait l'objet de leur convention.

Tous les contrats en général sont susceptibles d'être viciés par une erreur sur la cause, aussi bien les contrats unilatéraux que les contrats synallagmatiques. Que je vous loue votre cheval, que je vous l'achète ou que je vous l'échange contre le mien, s'il était déjà mort au moment où nous sommes tombés d'accord, notre convention aura porté sur une cause qui n'existait pas, il y a eu de notre part erreur sur la cause ; conséquemment aucun lien de droit ne se sera formé et je ne vous devrai ni prix de vente, ni prix de location, ni cheval en échange.

Nous voyons par là combien les effets de l'erreur sur la substance se séparent de ceux de l'erreur sur la cause, il nous suffit pour en justifier de renvoyer à ce que nous avons dit de la nullité et de l'annulabilité, et quel intérêt il y a en fait à les distinguer l'une de l'autre.

L'erreur sur la substance présente en effet
quelquefois une analogie captieuse avec l'erreur
sur la cause. Quand j'achète une bague en or
parce qu'elle est en or, nous avons dit qu'il y
avait matière à erreur sur la substance si je découvre qu'elle est en cuivre ; mais ne pourrions-
nous pas aller plus loin et y voir une erreur sur la
cause ? Car enfin quel a été le but immédiat de
mon obligation, quelle a été sa cause ? L'acquisition d'une bague en or ; et ce n'est pas une bague
en or que j'ai acquise, c'est toute autre chose,
c'est une bague en cuivre ! La cause de mon
obligation ne se trouve-t-elle pas viciée et entachée
d'erreur, et n'avons-nous pas aussi bien une
erreur sur la cause qu'une erreur sur la substance ?

Gardons-nous d'une pareille confusion et d'un
semblable raisonnement, qui ne tend rien moins
qu'à ne faire dans l'obligation qu'une seule et même
chose de la cause et de l'objet. Il suffit du reste
d'examiner les choses avec un peu d'attention,
pour reconnaître la différence qui existe entre ces
deux éléments du contrat.

La cause de l'obligation n'embrasse pas la chose
sur laquelle porte le contrat, dans chacune des
qualités qui la forment et l'individualisent, elle
s'applique à l'objet matériel indépendamment de sa
substance ; dès que cet objet existe et peut réunir

sur lui les volontés des parties, la cause de l'obligation est satisfaite, et j'ai obtenu moi acheteur,
la chose, *ipsum corpus,* en vue de laquelle je
m'obligeais. La cause de l'obligation d'acheteur est
avant tout l'acquisition de la propriété de cette
parcelle de métal que nous appelons bague, et du
moment où j'obtiens ce premier résultat, rien ne
manque à la formation du lien de droit. En un mot,
il y a corrélation intime entre l'erreur sur l'identité
et l'erreur sur la cause de l'obligation. Ces deux
espèces d'erreur vicient le contrat dans son essence
parce qu'elles portent atteinte à l'élément fondamental du contrat, son objet dans son ensemble.
et sa totalité ; réciproquement il suffit que cet objet
existe dans son identité, pour que les deux volontés
qu'il réunit, forment un rapport juridique complet et un lien conventionnel. Le législateur, nous
l'avons déjà dit dans notre section précédente, ne
pouvait pas s'arrêter là et il devait tenir compte de
l'erreur en dehors de l'identité et de l'existence
même de l'objet, mais ce ne peut plus être alors
qu'une erreur sur la substance viciant un contrat
valable à l'origine, et qui n'a rien de commun
avec les deux autres. L'erreur sur la cause est
applicable à tous les contrats ; nous connaissons
les effets qu'elle y produit et particulièrement
dans la vente que nous avons prise pour exemple.
Il nous reste à l'étudier dans quelques contrats

particuliers où elle présente un intérêt tout spécial, et où elle produit des effets importants à constater à cause des graves difficultés qu'ils ont soulevées.

I. Transaction. — Lorsque deux personnes, dans le but de mettre fin à une contestation et pour éviter les chances d'un procès, ont transigé sur la difficulté qui les séparait, la loi voit dans ce contrat quelque chose de plus définitif encore peut-être qu'une convention ordinaire, et elle décide pour bien caractériser sa pensée, que *les transactions auront entre les parties, l'autorité de la chose jugée en dernier ressort*, (art. 2052, Cod.Nap).

Devons-nous conclure de là, qu'elle a prétendu proscrire les causes de nullité qui pourraient s'y rencontrer ou les restreindre dans les termes les plus favorables au maintien des transactions formées? Si nous ne le devons pas au moins cela nous est-il permis ; mais ce que nous ne pouvons accepter c'est qu'on veuille exagérer cette idée bonne en elle-même, et y puiser, comme l'ont fait la plupart des auteurs, le moyen de dénaturer les termes des articles 2054, 2055 et 2056 pour en changer le sens, alors que les travaux préparatoires viennent confirmer de la manière la plus certaine, la valeur des expressions qui y sont employées.

Quoi qu'il en soit, les articles 2055 et 2056 Cod. Nap. (nous réservons l'étude de l'article 2054 à la

matière de l'erreur de droit qu'il touche de beaucoup plus près,) établissent précisément deux dérogations à la pensée générale que nous venons de
rencontrer dans l'art. 2052 ; ils décident que la
transaction *sera nulle* quand elle aura été faite sur
pièces reconnues fausses depuis ou sur un procès
terminé par un jugement passé en force de chose
jugée et ignoré de celle des parties qui avait intérêt
à le connaître.

De quelle nullité la loi veut-elle parler, et sur
quoi se fonde-t-elle pour la prononcer ? Presque
tous les auteurs, et parmi eux M. Paul Pont avec
l'autorité qui s'attache à son nom, en ont fait
une simple rescision, et se sont fondés sur ce
que ces deux hypothèses d'erreur n'ont d'application qu'à la substance de la chose qui fait l'objet
de la transaction, et n'attaquent en rien la
cause des obligations dont elle est formée.

Cette question, nous devons l'avouer, est une de
celles qui nous a trouvé le plus longtemps indécis,
et c'est à peine si nous osons définitivement choisir
entre deux modes d'interprétation que nous avons
alternativement acceptés et repoussés, et dont l'un,
celui qui par ses imperfections nous a donné l'idée
de l'autre, est cependant presque universellement
adopté.

Supposons, pour fixer la difficulté par un exemple,
que, poursuivant un prétendu débiteur de mon père

qui m'a laissé pour seul héritier, je me voie opposer une quittance qui m'amène à transiger sur la
créance que je prétends toujours avoir. Quel est
l'objet de l'obligation que je contracte en transigeant et quelle en est d'autre part la cause? L'objet
de mon obligation est évidemment la promesse que
je fais de ne jamais me prévaloir de mon titre vis-à-
vis de mon débiteur: quant à la cause, évidemment
aussi, ce nous semble, l'engagement que prend mon
débiteur de ne pas se servir contre moi de la quittance qu'il m'oppose, en d'autres termes de faire
cesser les doutes qui peuvent s'élever sur nos
droits respectifs, et de les déterminer définitivement dans la transaction.

Or, si nous supposons que la fausseté de cette
quittance soit postérieurement établie, en présence de quel phénomène juridique nous trouvons
nous? Analysons ce qui se passe. La quittance
étant reconnue fausse, l'engagement qu'avait pris
mon débiteur de ne pas me l'opposer est dénué
de toute base, et cette promesse en vue de laquelle
je m'obligeais n'a pu avoir dès le principe
aucune consistance. Dès lors ne voit-on pas
que c'est la cause même de mon obligation,
c'est-à-dire le bénéfice de cet engagement de mon
débiteur qui a manqué de se produire pour moi,
et qui à l'origine a mis obstacle à l'efficacité de ma
volonté, exactement comme dans le cas ou la chose

qui fait l'objet d'une vente était déjà détruite au moment du contrat ?

Considérons maintenant la question sous une autre face, et passons à la transaction intervenue sur une difficulté tranchée déjà par un jugement dont nous ignorions l'existence. Quel est l'objet commun de la transaction intervenue ? C'est la difficulté qui a donné lieu au procès ; or, si le procès se trouve déjà jugé de manière à ce qu'on ne puisse plus revenir sur ce qui a été décidé, la difficulté se trouve n'avoir pas existé au moment du contrat et la cause réciproque ces deux obligations, la cessation du doute, l'acquisition d'un droit certain, a été viciée par une erreur sur son existence même, erreur qui rentre évidemment encore dans les termes de l'article 1131, Cod. Nap., et rend complétement nulle la convention qui en dépend.

Mais au-dessus de toute cette discussion qui en réalité ne prouve rien par elle-même, et qui ne peut avoir que le caractère d'une justification de la loi, nous rencontrons la rédaction même des articles sur lesquels porte la difficulté. Et ces articles parlent-ils *de rescision, d'annulabilité?* La transaction faite sur pièces fausses, dit l'art. 2055, est *entièrement nulle.* La transaction sur un procès.... etc. est *nulle.* La loi a donc voulu parler ici d'une nullité absolue qui vicie le contrat dons son essence même, et cette nullité nous dit le tribun Gillet est la conséquence de l'erreur sur la cause qui s'est produite dans ces deux espèces, c'est une nullité absolue. « Toute convention a une cause, celle de la transaction est la crainte du procès, *propter timorem litis.* Ainsi lorsque le procès est terminé par un jugement passé en force de chose jugée (art. 2056, Cod. Nap.), il ne peut *plus y avoir de transaction* parce qu'il ne peut y avoir de doute. Il faut en dire autant si la transaction n'est que l'exécution d'une pièce nulle (art. 2054, Cod. Nap.); la *convention manque de cause....* enfin, la cause manque également si les parties ayant transigé sur un seul objet avec la confiance qu'elles y avaient des droits respectifs, il arrive néanmoins que des titres ultérieurement découverts leur fassent connaître que l'une d'elles n'y avait aucun droit (art. 2057)» (1).

Telle est l'interprétation simple et naturelle que nous croyons devoir donner des articles 2055 et 2056 Cod. Nap. Conforme aux véritables principes de la formation des conventions, elle a pour elle la rédaction même de ces articles et la pensée du Tribunat dans la personne du tribun Gillet. Voyons comment on a essayé de la combattre et quelle peut être la valeur des raisons qui ont

____

(1) Locré t. XV, p. 446.

entraîné la conviction de tant d'éminents esprits.

C'est plus particulièrement dans la définition même de la substance et de la cause que nos adversaires puisent leurs objections ; ils se bornent quant aux textes, à contester la valeur de ces expressions *nullité* et *rescision* qui dans bien d'autres hypothèses, disent-ils, sont employées par la loi sans plus de discernement, et qui doivent s'effacer devant la réalité des choses. Les mots *entièrement nulle* de l'article 2055 s'appliqueraient à l'ensemble de la transaction, pour signifier qu'elle tombera tout entière par la découverte des pièces fausses et non pas seulement la partie qui leur est relative ; ils n'auraient aucunement pour but de généraliser la nullité dans le sens de nullité absolu, mais simplement de fixer son étendue à toute la transaction.

Quant aux paroles prononcées par le tribun Gillet, elles doivent, ajoute-t-on, complétement tomber, quand on arrive à établir d'après les principes, que ce qu'il appelle erreur sur la cause n'est qu'une erreur sur la substance. Elles n'expriment au surplus qu'une opinion personnelle dont il était le maître, mais qui n'a aucune portée générale puisqu'elle est contredite par les paroles d'un autre tribun, M. Albisson.

Nous avons dit tout à l'heure en exposant notre système, que la cause de l'obligation que je con—

tractais en renonçant à me prévaloir de mon titre, était l'engagement pris par mon adversaire de renoncer aussi au bénéfice du sien, de sa quittance. C'est un premier point qu'on nous accorde ; mais quand la fausseté de la quittance est établie, nos adversaires se demandent si c'est véritablement la cause de mon obligation qui est entachée d'erreur, et ils répondent qu'il n'en peut pas être ainsi. Il faudrait en effet pour cela, disent-ils, que l'engagement lui-même de l'autre partie fût inexistant, tandis qu'il demeure au contraire dans son entier et on conçoit parfaitement qu'il existe à l'état d'obligation plus ou moins vicieuse même en présence du titre nul. S'il résulte d'une pièce fausse, si en l'acceptant pour la cause de mon obligation, je l'ai envisagé principalement en vue de la pièce que je croyais valable, on arrive forcément à dire que la validité de la pièce n'est que la substance de l'obligation de mon adversaire, de la cause de la mienne.

Le même raisonnement est applicable au jugement découvert après la transaction. La substance de la cause de mon obligation est le doute possible sur la validité du droit dont je veux obtenir le désistement en transigeant avec mon adversaire; mais la cause elle-même ne reçoit aucune atteinte, puisque l'engagement qui la forme est complet et a pu prendre naissance indépendamment de l'existence du jugement qui n'en constitue qu'une qualité, sa qualité substantielle.

Et dès lors qu'importent, s'il en est ainsi, les qualifications du tribun Gillet, s'il n'a pas compris lui-même la portée des expressions qu'il employait, s'il a appelé cause ce qui était substance, son opinion n'a pas pu altérer la force des principes et en fausser l'application, d'autant plus qu'on peut lui opposer les paroles d'un autre tribun M. Albisson qui s'est exprimé tout différamment : « D'autres causes peuvent vicier la transaction, et ce sont toutes celles qui excluent le consentement sans lequel nulle convention ne peut subsister; ainsi l'erreur dans la personne, ainsi une transaction faite en exécution d'un titre nul, à moins que sa nullité étant commune, elle n'ait été expressement l'objet du traité peut être également rescindée. (1) »

Malgré cette habile argumentation qui a déterminé les convictions les plus respectables, il nous paraît impossible de voir dans les articles 2054, 2055 etc. Cod. Nap., une nullité relative résultant de l'erreur sur la substance et c'est dans le sens de la nullité pour défaut de cause que nous croyons devoir nous prononcer.

Nous trouvons notre interprétation des mots cause et substance plus naturelle et mieux en rap-

---

1 Locré. T. XV, p. 435.

port avec la réalité des choses. C'est en effet à force de subtilité qu'on arrive à distinguer la cause de l'engagement de l'une des parties, de la chose même sur laquelle porte celui de l'autre partie, c'est-à-dire la validité de la pièce, la possibilité de s'en servir et le doute sur le résultat d'un procès. On ne peut pas plus distinguer ici qu'on ne pourrait le faire dans une novation sur un legs révoqué, et dire que l'obligation de l'héritier n'existant pas, son engagement, sa promesse, n'en subsiste pas moins et que la nullité du legs n'atteint que la substance de cet engagement.

Nous croyons donc, que si l'un des deux éléments, la validité du titre ou la connaissance du jugement, vient à manquer dans les transactions qui les comportent, les engagements eux-mêmes qui en dépendent sont nuls pour défaut d'objet, et enlèvent ainsi à l'obligation de l'autre partie *la cause* sans laquelle elle ne peut pas exister, et nous concluons à la nullité absolue et pour défaut de cause de la transaction intervenue dans ces termes.

Si la nullité du titre a été l'objet d'une convention particulière, cette convention forme alors aux termes de l'article 2054, une transaction spéciale tout à fait en dehors de notre difficulté.

II. Partage. — Le partage est un contrat qui a

pour but de faire cesser l'indivision. L'obligation de chacun des co-propriétaires a pour objet la renonciation à ses droits de co-propriété sur la part indivise qu'il abandonne ; elle a pour cause l'acquisition d'un droit définitif et exclusif sur les objets qui tombent dans son lot.

Cette cause se trouve viciée et le but immédiat de l'obligation manque entièrement dans deux hypothèses différentes : 1° l'un des enfants n'ayant pas été compris dans le partage fait par son ascendant, l'article 1078 Cod. Nap. déclare le partage absolument nul à l'égard de tous les autres enfants.

Nous ne restreindrons pas au partage fait par ascendants, la règle inscrite dans cet article ; nous lui donnerons application dans tous les cas où l'erreur dont il parle se produira dans un partage. Elle n'est en effet que la reproduction du principe de l'erreur sur la cause, principe nécessaire et qui n'est susceptible d'aucune dérogation qui ne soit formellement exprimée. Toutes les fois donc qu'un des ayant-droit aura été omis dans un partage de succession ou autre, nous devrons voir dans cette omission une erreur sur la cause entraînant la nullité absolue du partage tout entier et à l'égard de tous les .co-parta-geants.

La deuxième hypothèse constitue au contraire

une dérogation au principe de la nullité pour erreur sur la causé : la simple omission d'un objet de la succession, ne donne pas ouverture à l'action en rescision, mais seulement à un supplément de partage. Il eut été en effet conforme à notre principe, de décider que si l'un des objets de la succession a été omis dans les opérations du partage, l'acte de partage se trouve entaché d'une véritable nullité résultant de l'erreur sur la cause, puisque les parties n'ayant réciproquement contracté que pour obtenir un droit irrévocable sur tous les objets indivis entre elles, l'existence d'un seul objet non partagé met obstacle à la réalisation de la cause et à l'existence même du partage.

La gravité d'une rescision de partage, ses effets vis-à-vis des tiers ont motivé cette heureuse dérogation consacrée par l'article 887 Cod. Nap. Les co-partageants n'ont qu'à gagner à une pareille solution, et l'ordre public lui-même qui est toujours intéressé dans une rescision de partage y trouvera sa sauvegarde.

III. Rente viagère. — La rente viagère est un contrat essentiellement aléatoire qui consiste dans des chances réciproques de gain et de perte pour chacune des deux parties. Désirant augmenter mon revenu, je fais à un tiers l'abandon complet de ma fortune à la charge par lui de me payer jusqu'à ma mort des arrérages représentant un capital supérieur à celui que je lui abandonne ; ce sont ces arrérages qui constituent la rente viagère, et ils seront plus ou moins élevés, suivant qu'il aura chance de voir se terminer plus tôt ou plus tard son obligation à ces prestations périodiques.

Le débiteur de la rente a donc pour cause de son obligation, l'acquisition d'une chance, d'un *alea*, qui pourra rendre son contrat avantageux ou désastreux suivant l'époque à laquelle mourra le crédirentier. Celui-ci de son côté a pour cause de son obligation une chance réciproque, un *alea* inverse qui consistera au point de vue du gain, dans le fait même du prolongement de son existence et d'une augmentation de revenu à la place d'un capital qui ne le représente pas, et au point de vue de la perte, dans l'abrégement de sa vie qui lui aurait permis de stipuler des arrérages plus élevés s'il avait pu le prévoir.

Il faut donc pour que ce contrat aléatoire prenne naissance, qu'il existe véritablement pour les deux parties des chances à courir, que la personne sur la tête de laquelle est fixée la rente soit susceptible de vivre plus ou moins longtemps. Il résulte de là que le défaut d'*alea* ne peut exister qu'à l'état de perte certaine chez le crédi—rentier et qu'à l'état de gain certain chez le débiteur de la rente, et c'est dans les circonstances où les chances de gain ou de perte sont impossibles, qu'est prononcée la nullité pour erreur sur la cause dans des termes et des limites que nous donnent les articles 1974 et 1975 du Cod. Nap.

Et tout d'abord article 1974 : « Tout contrat de rente viagère créée sur la tête d'une personne qui était morte au jour du contrat ne produit aucun effet. »

Cette disposition est si conforme à la logique des choses et à nos principes de l'erreur sur la cause, qu'il est à peine besoin de l'expliquer. Il est évident que la cause des deux obligations, c'est-à-dire l'acquisition d'une chance de gain ou de perte a complétement manqué et qu'un pareil contrat ne peut avoir aucune existence juridique. Nous trouvons d'ailleurs cette décision déjà donnée dans la jurisprudence coutumière (1), et elle s'applique évidemment aussi bien à l'hypothèse où le crédirentier traitant par mandataire a fixé sur sa propre existence la durée des prestations, qu'à celle où les deux parties ont choisi une tierce personne sur la tête de laquelle repose le droit à la rente.

Notre ancien droit préoccupé de la pensée que

(1) Toullier, tom. VI, n° 46, page 50.

le fait d'une mort antérieure au contrat n'était pas
le seul cas d'erreur sur la cause, avait voulu y assimiler toutes les hypothèses dans lesquelles la cause
immédiate de la mort, la dernière maladie préexistait
seule au contrat, et n'avait entraîné la mort que
dans un délai plus ou moins déterminé. De là des
variations et des incertitudes dans la jurisprudence pour savoir comment on fixerait ce délai
et quelles conditions on exigerait pour admettre
l'influence de la maladie sur la validité du
contrat.

Les rédacteurs du Code Napoléon ont fait cesser cette incertitude en retirant au magistrat le
pouvoir d'appréciation exagéré qu'il avait eu dans
l'ancien droit, et en déterminant eux-mêmes dans
des limites et des conditions qu'on s'accorde généralement à trouver suffisantes et raisonnables, les
effets d'une maladie préexistante au contrat de
rente viagère.

La première condition d'après l'article 1975
Cod. Nap., c'est que la personne sur la tête de
laquelle la rente a été créée meure de la maladie
même dont elle était atteinte au moment du contrat. Nous n'entrerons pas dans les interminables
discussions qui se sont élevées sur le point de
savoir de quelles maladies la loi avait voulu parler,
si elle s'était occupé des maladies chroniques ou
seulement des maladies aiguës. Nous constaterons

seulement que c'était la première condition à exiger et qu'elle était indispensable.

La seconde condition est que la personne soit morte dans le délai de vingt jours. C'était là le point le plus difficile à fixer, car sa détermination est presque arbitraire et tombe dans une question d'appréciation qui pourrait varier beaucoup, suivant les faits de chaque cause. Notre législateur a fixé le délai à vingt jours, n'aurait-il pas pu l'étendre davantage et donner ainsi plus de fermeté au contrat de rente viagère en exigeant une plus grande somme de chances et d'incertitude ? Quoiqu'il en soit, il en a décidé ainsi; nous ne voudrions pas lui adresser une critique sur un point qu'il était si difficile de trancher à la satisfaction de toutes les hypothèses possibles.

On peut se demander sur ce contrat, si la connaissance qu'avaient l'une et l'autre partie ou même le crédi-rentier seul de la maladie prévue par l'article 1975 Cod. Nap., doit avoir sur le contrat une influence contraire à celle qu'avait eue l'erreur et si la convention doit être maintenue quand les parties se sont rendu compte de ce qu'elles faisaient. Notre ancien droit pouvait sans inconséquence la déclarer valable, mais il n'est plus possible de donner d'après le Code Napoléon la même décision. L'*alea*, l'incertitude disparaissant, le contrat devient une donation; or, les donations sont assujetties à certaines formes spéciales et ne sé présument jamais. On présumera donc plutôt l'erreur (1) non pas sur l'existence même de la maladie, mais sur le caractère de gravité qui doit l'empêcher de durer audelà des vingt jours, et on invalidera le contrat; ajoutons que cette présomption se rapprochera le plus souvent de la vérité, car ceux-là mêmes qui se savent malades et qui tiennent compte pour la conclusion d'un contrat, de la date probable de leur mort, n'attachent en réalité le plus souvent aucune importance à cette idée dont ils parlent si volontiers et sans se rendre compte de leur véritable état.

Remarquons aussi en terminant, que si la connaissance de la maladie n'existait que chez le débiteur de la rente, il y aurait de sa part un dol à la cacher, dol qui suffirait à lui seul pour provoquer la nullité de la convention de rente.

Ces exemples et les quelques difficultés qui s'y rattachent nous ont permis de présenter les prin-

(1) L'erreur n'est pas du reste indispensable à la nullité du contrat, car la donation ne pouvant pas être présumée et le contrat devant rester ce qu'il est, c'est-à-dire un contrat aléatoire, la fausse cause n'en existe pas moins même quand les parties ont connaissance de la maladie et de sa gravité certaine.— Un vice radical comme celui dont nous nous occupons est indépendant de la volonté des parties et de la connaissance qu'elles en peuvent avoir, et notre solution se rattache plutôt aux principes abstraits de la cause qu'à ceux de l'erreur.

cipaux caractères de la cause dans les obligations et particulièrement de la fausse cause qui fait partie de notre théorie de l'erreur. Comparée avec l'erreur sur la substance, elle s'en sépare en ce qu'il suffit pour que la cause de l'obligation existe, que chacune des parties obtienne la chose, l'identité sur laquelle elle a traité. Nous signalons d'ailleurs ces deux ordres d'idées corrélatives, comme difficiles à distinguer dans certaines hypothèses, et nous abandonnons aux circonstances de fait un grand nombre de solutions. Nous espérons quant à nous, avoir suffisamment éclairci pour l'intérêt de notre sujet et au point de vue des principes théoriques, un des points les moins explorés de toute la matière des obligations ; il ne nous reste pour compléter ce que nous venons de dire qu'à examiner sommairement ce qu'on entend généralement par la cause erronée.

Lorsque je contracte et que le but immédiat de mon obligation se trouve faire défaut, nous avons ce qu'on appelle la fausse cause. Si nous supposons que la cause de mon obligation existe véritablement, mais qu'elle n'ait pas l'efficacité juridique que je lui attribuais, nous n'aurons plus une erreur sur la cause même, mais une erreur sur l'efficacité juridique de cette cause, une cause erronée. La conséquence de cette différence est très importante au point de vue des distinctions

que nous avons établies entre la nullité proprement dite et l'annulabilité. La fausse cause nous
l'avons vu, entraîne la nullité radicale du rapport
de droit ; la cause erronée, qui n'est en réalité
qu'une erreur sur la substance de l'objet ou plutôt
de l'un des objets du contrat, ne donne ouverture
comme toute erreur sur la substance, qu'à une
action en rescision. Par exemple, obligé *naturellement* envers un tiers, je fais avec lui une novation dans la pensée que je suis tenu civilement. La
cause de mon obligation, c'est-à-dire l'anéantissement de la première créance existe bien réellement
puisque la créance elle-même est valable : mais
comme la substance de cette créance est de ne pas
m'obliger au paiement, c'est sur cette substance
que je me suis trompé en faisant novation, parce
que je croyais la créance obligatoire. Nous déciderons donc que le contrat de novation intervenu
dans ces termes sera parfaitement régulier dans
son principe, mais qu'il pourra donner ouverture
en ma faveur à une action en nullité fondée sur
l'erreur sur la substance de la chose qui fait l'objet (1) de l'une des obligations, et la cause de
l'autre.

(1) Aubry et Rau sur Zachariæ, tome III, pag. 210 — Demolombe obligations 1. n° 126 — Colmet de Santerre IV, n 16
et 16 bis.

SECTION IV.

DE LA PREUVE DE L'ERREUR. — SI L'ERREUR DOIT EXISTER
CHEZ LES DEUX PARTIES QUI CONTRACTENT.

L'erreur ne se présume pas, c'est à celui qui l'invoque à en administrer la preuve sans distinction entre l'erreur obstacle et l'erreur nullité. Le fait seul d'un échange de volontés, suffit pour donner à son expression tous les effets d'un contrat, pourvu qu'on établisse qu'il renferme tous les éléments nécessaires à sa formation juridique, et notamment l'existence de la cause de l'obligation dont on poursuit l'exécution. C'est donc à celui qui prétend avoir commis une erreur sur la cause, avoir contracté en vue d'une cause certaine, et qui se trouve n'avoir pas existé, à prouver son erreur.

Hâtons-nous de dire que dans notre législation où les donations ne se présument pas, cette preuve sera le plus souvent inutile, car le plus grand nombre des contrats à titre onéreux ne pouvant avoir qu'une seule cause pour chaque obligation, et la cause de donation qui leur est commune à presque toutes, il en résulte que si la cause onéreuse n'existe pas, l'autre ne pouvant pas être présumée, celui qui invoque le contrat ne pourra pas en établir la formation régulière et succombera nécessairement dans sa demande.

On dispute beaucoup à ce propos sur l'article 1132 Cod. Nap. qui semble avoir voulu déroger à ce que nous venons de dire, en décidant que la convention n'est pas moins valable quoi que la cause n'en soit pas exprimée. Nous ne voulons pas sortir des limites de notre sujet en prenant parti sur une question qui a soulevé tant de controverses ; nous dirons seulement que la loi a voulu parler dans cet article de ce qu'on appelle vulgairement le billet non causé et qui est conçu en ces termes : « Je paierai à M. un tel la somme de.... à telle époque. » Ce billet en effet n'indique pas sa cause, et on aurait pu croire qu'il ne constituait pas une preuve suffisante du rapport d'obligation qu'il constate, puisqu'il passe sous silence l'un des éléments essentiels au contrat, la cause, et ne laisse prise qu'à l'hypothèse d'une donation qui ne peut pas se présumer. La loi a voulu décider selon nous, que la preuve de l'inexistence de la cause reviendrait au contestant, et que les termes du billet présumeraient à eux seuls sans qu'on soit obligé de l'établir davantage, une dette contractée. Nous réservons bien entendu la faculté d'une sommation en déclaration affirmative au profit du souscripteur contre le créancier, pour obliger celui-ci à indiquer la cause que d'après lui sous-entend le billet, et permettre à son adversaire d'en établir la fausseté.

Lorsque le contrat est nul pour erreur sur l'objet même, *ipsum corpus*, ou sur la nature du contrat, l'existence même du rapport juridique devient impossible à établir, le plus souvent du moins. Si cependant il y avait dans des circonstances particulières, place à un doute sur l'erreur qui est invoquée, si par exemple le créancier établissait en apparence que la promesse à lui faite portait bien sur tel objet et s'appliquait réellement à tel contrat, ce serait au contestant à prouver l'erreur qu'il invoque et qui lui a fait prendre le change sur l'objet du contrat ou sur sa nature.

Mais c'est surtout lorsque la convention réunit toutes les conditions nécessaires à sa formation, que notre principe reçoit son application, c'est-à-dire lorsqu'il y a simplement erreur sur la substance de la chose qui fait l'objet de la convention. Nous avons alors en effet un contrat parfaitement régulier et qui n'est l'objet d'aucune contestation sur ses éléments essentiels. C'est uniquement sur un point secondaire que le désaccord s'est produit, et s'il arrive que l'une des parties a envisagé l'objet de l'obligation à un point de vue autre que celui qui résulte des termes du contrat, c'est à elle évidemment qu'il appartient de prouver la vérité de ce qu'elle avance et de justifier d'un vice dont l'existence ne saurait être présumée.

Les règles que nous donnons sur la preuve de l'erreur sont aussi bien applicables à l'erreur dans la personne qu'à l'erreur sur la chose. Si nous en avons parlé immédiatement après l'erreur sur l'objet, c'est parce que la généralisation et les applications nous en ont paru plus simples et plus faciles dans cette matière, que dans tout ce qui touche à l'erreur sur la personne. Les principes maintenant posés domineront toute notre étude et devront recevoir une application absolue.

L'erreur sur l'objet même et sur la nature du contrat, ne se conçoivent raisonnablement qu'autant qu'elles sont communes aux deux parties qui contractent. Nous avons vu dans l'exemple de la rente viagère, que l'erreur sur la cause quand elle n'existait pas chez les deux parties, constituait forcément ou un dol ou une pensée de donation chez celui qui connaissait l'existence de la cause et nous savons aussi que l'alternative de ces deux solutions ne peut mettre obstacle à la nullité du contrat.

Il nous reste à voir si pour entraîner la rescision du contrat, l'erreur sur la substance doit avoir été commune aux deux parties, ou s'il suffit à celle qui veut s'en prévaloir, d'en établir l'existence à son préjudice. Cette question a soulevé une controverse qui ne manque pas d'intérêt et dont nous trouvons les éléments principaux dans les *Traités des Obligations* de deux de nos plus savants jurisconsultes M. Demolombe (1) et M. Larombière (2). Nous avons en effet supposé jusqu'à présent, que les deux parties avaient été également trompées par la forme, l'apparence de la chose, et lui avaient attribué une substance inexacte. Cette hypothèse ne fait aucun doute, et la nullité de la convention doit être prononcée sans aucuns dommages—intérêts pour celle des parties qui en subit un préjudice.

Mais si nous supposons que le vendeur ou l'acheteur ont eu connaissance de la substance véritable de la chose et l'ont vendue ou achetée comme telle, c'est alors que s'élève la difficulté, et que nous rencontrons un grave sujet de douter.

Nous devons tout d'abord écarter de la discussion tout ce qui touche au dol et qui pourrait constituer de la part de l'une des parties une machination frauduleuse susceptible de tomber sous l'application de l'article 1116. Il en serait ainsi par exemple, d'un vendeur qui sachant très-bien qu'une médaille est Grecque, la vendrait comme Romaine à un acheteur qui lui en demande une de

(1) Oblig. t. I, pag. 351. — Marcadé, art. 1110, n° 2.
(2) Traité des obligations, art. 1110, n° 3 — Toullier, T. VI, pag. 35 — Troplong, vente, 1 — n° 15 — Douai 27 mars 846.

cette dernière espèce. Nous devrions voir également
ment un dol dans le fait de ce marchand, qui s'a—
percevant que son acheteur prend la médaille
Grecque pour une médaille Romaine, garderait le
silence et le laisserait dans son erreur. Il n'est pas
douteux que dans ces deux hypothèses le contrat
ne soit annulable, mais ce sera par application de
l'article 1116 Cod. Nap. et non plus des articles
1109 et 1110.

Retranchons également du débat toute manifestation et toute appréciation de la part de l'une des
parties qui pourrait constituer une véritable condition à la formation même du contrat. Lorsque par
exemple un acheteur qui a des doutes sur l'auteur
d'un tableau, l'achète *si c'est un Rubens*, cela
revient absolument à une condition pure et simple
apposée au consentement, et dont l'accomplissement sera indispensable pour la validité du contrat, sans que nous ayons à nous référer encore
aux articles 1109 et 1110, et sans même établir
aucune distinction entre les qualités substantielles
ou accidentelles qui auront été prises en considération à titre de condition.

La question ainsi dégagée de tout ce qui se rattache à la mauvaise foi et à la condition, se pose
lorsque les deux parties étant de bonne foi, l'une
d'elles connaissant la substance véritable de la chose,
l'autre lui en attribuant une différente, celle-ci

n'a pas exprimé quelle était sa pensée sur la chose, et a consenti à la vente par exemple, sous l'empire d'une erreur complète sur la substance de cette chose.

Le savant magistrat M. Larombière et avec lui la jurisprudence, refuse absolument le secours de la nullité à l'acheteur, qui attribuant à la chose une substance qu'elle n'avait pas, a contracté sans exprimer à son vendeur cette opinion erronée, et en l'acceptant pour ainsi dire, telle qu'elle lui était présentée.

Il considère pour décider ainsi, que la substance étant la qualité principale de la chose que les parties ont eu en vue en contractant, il faut qu'il y ait en quelque sorte reconnaissance réciproque et tacite de cette qualité ; c'est à cette seule condition qu'elle devient qualité substantielle. Or, si les deux parties ont envisagé la chose à un point de vue tout à fait différent, le point de vue auquel elles se sont respectivement placées ne peut plus former d'un côté ni de l'autre la substance de la chose, et cette substance ne portera plus que sur l'objet matériel, envisagé *in corpore*, le seul point d'appréciation sur lequel les deux parties se soient trouvées d'accord.

Il pourra en résulter il est vrai un préjudice pour celle des deux parties qui se sera trompée, mais ce ne sera plus qu'une question de valeur, c'est-à-dire une question de lésion, dont les conditions sont essentiellement différentes de celles de l'erreur sur la substance, et qui dans tous les cas sont entièrement en dehors de notre sujet. On peut dans l'intérêt de ce système, ajouter qu'il est bien plus naturel de laisser subir un préjudice à la partie qui s'est trompée, qui a eu le tort incontestable de ne pas s'être mieux rendu compte de ce qu'elle faisait, et surtout de ne pas avoir interrogé son vendeur, si c'est l'acheteur qui s'est trompé, pour le constituer en état de mauvaise foi et de dol, s'il l'avait confirmée dans l'opinion erronée qui le déterminait à contracter.

Malgré toute l'autorité qui s'attache à l'opinion du savant magistrat et à un arrêt conforme de la Cour de Douai du 27 mars 1846, il nous, est impossible d'accepter quant à nous un système que nous croyons contraire à l'économie elle-même des articles 1109 et 1110 Cod. Nap et aux notions les plus simples d'une équité bien entendue.

Et d'abord, sur quoi peut reposer cette distinction entre l'erreur commune et l'erreur personnelle à chacune des parties ? Sur l'équité. Nous en jugerons tout à l'heure; sur les textes ? L'article 1110 est la réponse la plus formelle que nous puissions opposer à nos contradicteurs : « L'erreur n'est une cause de nullité de la convention, que lorsqu'elle tombe sur la substance même de la chose qui en fait l'objet. » Y a-t-il dans cette rédaction la moindre place pour une distinction ? L'erreur de quelque manière qu'elle existe, chez les deux parties, ou chez l'une d'elles seulement, est une cause de nullité pourvu qu'elle porte sur la substance même de la chose qui fait l'objet de l'obligation. Or, la substance d'une chose ne peut-elle pas être quelque chose de tout à fait rélatif, d'entièrement personnel à l'appréciation d'un individu, et est-il besoin qu'on soit d'accord pour s'attacher dans un objet, à tort ou à raison, à une qualité spéciale et particulière sous laquelle on l'envisage. Du moment ou c'est bien sur une qualité substantielle qu'on s'est trompé, et que cette erreur est établie d'un côté où de l'autre, la loi n'en demande pas davantage. De plus, le sens le plus naturel et le plus conforme aux termes mêmes de notre article, est celui d'un secours accordé à un individu qui pour un motif quelconque se sera trompé sur le caractère de la chose pour laquelle il contracte, de la faculté de rompre un marché dont l'objet véritable se trouve être tout autre que celui qu'il en attendait, une monnaie Grecque par exemple, pour une monnaie Romaine.

Nous ajoutons qu'au point de vue de l'équité, la loi ne devait pas distinguer et qu'elle ne pouvait pas, pour relever un individu des conséquences d'une erreur qu'il a commise, s'attacher à ce que cette erreur

aurait été ou non partagée par son adversaire ?
Le vendeur de bonne foi pourra subir un préjudice de la nullité du contrat; soit, nous ne lui refusons pas réparation. Il pourra réclamer l'application de l'article 1382 du Code Napoléon et obtenir une indemnité pour le préjudice que cette nullité lui cause, indemnité basée sur l'intérêt qu'il
aurait eu à ce que la chose fut définitivement
vendue au moment où elle l'a été à la suite d'une
erreur. Mais ces dommages intérêts ne doivent
avoir rien de commun avec le contrat lui-même,
qui aux termes de l'article 1110, vicié dans un des
éléments essentiels de son objet, doit tomber
complétement pour laisser place à une action spéciale fondée sur la bonne foi du vendeur, l'imprudence et l'ignorance de l'acheteur.

Enfin nous pouvons tirer de l'article 1109 et
du second alinéa de l'article 1110, deux arguments
analogues et qui nous semblent détruire entièrement toute supposition d'une distinction de la
part de la loi. L'article 1109 met sur la même
ligne au point de vue de la nullité qui en résulte,
l'erreur, le dol et la violence; or, a-t-on jamais essayé de soutenir que le dol et la violence n'étaient
une cause de réscision qu'autant qu'ils étaient, réciproque quant au dol, exercée sur les deux parties quant à la violence ? l'énonciation seule d'une
pareille proposition eût été sa condamnation ; et

pourquoi voudrait-on diviser l'article 1109 pour traiter l'erreur d'une manière différente ? Il nous faudrait un texte formel et nous savons que non-seulement il n'existe pas, mais même qu'il ne peut pas exister. Voyons maintenant l'article 1110 2me alinéa ; il traite de l'erreur sur la personne corrélativement à l'erreur sur l'objet et sans établir aucune différence quant à leurs conditions fondamentales. Or supposera-t-on davantage que l'erreur sur la personne aura dû exister chez les deux parties ; qu'allant commander un tableau chez un misérable rapin portant le même nom qu'un peintre célèbre à qui je crois m'adresser, il faudra pour que je puisse faire annuler mon contrat, que mon erreur ait été partagée et que le barbouilleur avec qui je contractais, ait cru comme moi que je m'adressais à un autre qui porte le même nom. Evidemment cette supposition n'est pas plus acceptable que la précédente et nous sommes fondés à dire en présence du silence justifié de la loi, qu'elle n'a entendu faire aucune distinction entre l'erreur commune et l'erreur personnelle à chacune des parties.

Hâtons-nous d'ajouter que la nullité que nous demandons, nullité fondée sur une seule erreur, présente en fait de grandes difficultés pour la preuve, car pour bénéficier de cette erreur, il faut nécessairement quelle soit établie d'une manière certaine et que le tribunal investi dans une semblable question d'un pouvoir d'appréciation presqu'illimité, demeure fermement convaincu que mon erreur a été bien réelle, et que je n'aurais certainement pas acheté cette médaille si au lieu de la croire Romaine je l'avais sue Grecque, et on voit combien la justification d'une erreur qui est restée enfermée dans la pensée d'un individu sera difficile à établir. Notre système ne trouvera donc application que dans les hypothèses où cette erreur sera considérable et manifeste, et nous n'hésitons pas à conclure qu'il y aurait eu de la part de la loi injustice évidente à ne pas la protéger, quand elle se présente aux termes de l'article 1110 dans des conditions aussi certaines et aussi favorables.

L'erreur n'est une cause de nullité de la convention, que lorsqu'elle tombe sur la substance même *de la chose qui en est l'objet* (art 1110). Nous connaissons de quelle erreur et de quelle nullité la loi a entendu s'occuper, nous savons aussi ce qu'elle a voulu dire en traitant de la substance de la chose ; il nous reste à voir de quelle chose et de quel objet la loi a voulu parler, et à rectifier ce que cette formule peut avoir d'inexact par rapport aux principes mêmes des obligations. Dans les contrats unilatéraux, c'est-à-dire dans les contrats qui ne donnent naissance qu'à une seule obligation, il n'existe qu'un débiteur et qu'un créancier, et il ne peut y avoir qu'un seul objet. Aussi n'avons-nous rien à dire de la formule employée par l'article 1110, lorsqu'il s'applique au contrat unilatéral.

Mais lorsque nous nous plaçons en face d'un contrat synallagmatique, et que nous analysons chacun de ses éléments, nous nous trouvons dans l'alternative ou bien d'appliquer rigoureusement le texte de la loi et de consacrer une anomalie, ou bien de modifier le contexte de notre premier alinéa pour rester conformes aux principes généraux et aux règles d'une saine logique. Les contrats synallagmatiques, en effet, engendrant deux créances et deux obligations réciproques, il y aura nécessairement dans le rapport de droit qui en résulte, deux objets qui tous deux sont susceptibles d'une erreur sur la substance et peuvent donner lieu à l'application de ce que nous avons dit jusqu'à présent.

Or, si le législateur a exprimé une volonté restrictive et exclusive, nous sommes obligés de dire qu'en s'occupant de l'objet de l'obligation dans les contrats synallagmatiques, il n'a entendu prononcer la nullité qu'autant que l'erreur porterait sur *la chose* à propos de laquelle traitent les deux parties, dans une vente par exemple sur la chose vendue, et dans un louage sur la chose louée.

Mais tel n'est pas le véritable sens de l'article 1110. Il ne s'est occupé, il est vrai, que de la chose à propos de laquelle est intervenu le contrat, mais il n'a nullement voulu exclure l'erreur qui porterait sur l'objet de l'autre obligation, sur l'obligation de l'acheteur dans la même hypothèse de vente. Cette distinction serait en effet à la fois singulière et inexplicable, et on ne comprendrait pas une inégalité entre deux choses, les deux obligations d'un même contrat, qui sont si intimement liées l'une à l'autre ; d'autant plus que dans l'échange par exemple qui ressemble tant à la vente, il serait impossible de comprendre une semblable distinction.

Au surplus Pothier nous donne l'explication de cette inexactitude de langage déjà commise par lui-même, et reproduite par mégarde dans la rédaction de l'article 1110. Pothier prenant, pour exposer sa théorie de l'erreur, l'hypothèse d'une vente, se place quant au sens de ses expressions à un point de vue tout à fait usuel et confond les objets respectifs des deux obligations avec la chose elle-même sur laquelle porte la convention, chose qui ne peut évidemment former dans les contrats synallagmatiques, comme nous l'avons déjà dit, qu'un seul des deux objets. Il n'examine alors que l'erreur sur cette chose elle-même, erreur dont il ne divise du reste les conséquences par aucune distinction entre le créancier de cette chose et celui au contraire dont elle forme l'obligation.

En s'inspirant de Pothier, les rédacteurs du Code Napoléon se sont servis avec la même inexactitude, des mêmes termes que lui ; ils n'ont vu dans la convention qu'un seul objet, la chose sur laquelle elle porte et ils ne se sont occupés que de celui-là.

Faut-il en tirer cette conséquence qu'ils ont voulu exclure l'erreur sur l'autre objet, c'est-à-dire l'erreur sur le prix dans une vente ou un louage par exemple, prix qui peut consister soit en argent soit en denrées facilement réalisables ? Évidemment non. Il y aurait inconséquence à consacrer une pareille décision et à donner à des termes simplement énonciatifs d'une nullité, un sens exclusif, que la nature des choses, pas plus que l'économie même de notre disposition, ne sauraient justifier.

Nous déciderons donc que la nullité résultera d'une erreur sur la substance de l'un quelconque des deux objets qui forment les obligations du contrat synallagmatique et nous corrigerons ainsi le premier alinéa de l'article 1110 : « L'erreur n'est..... sur la substance même de la chose qui en est l'objet *ou l'un des deux objets.* »

CHAPITRE III

DE L'ERREUR DANS LA PERSONNE.

Les données de l'erreur sur la chose et sur tout ce qui se rattache à l'objet de l'obligation, dominent la matière des contrats d'une manière absolue, et constituent une règle générale qui s'impose à toutes les conventions sans distinction de leur forme ou de leur nature.

Celles de l'erreur sur la personne sont beaucoup moins vastes, et ne reçoivent, en dehors de ce qui constitue la capacité dans son sens le plus large, qu'une application spéciale et exceptionnelle. Quand nous avons parlé de l'identité d'objet et de forme de contrat, de l'accord sur la substance et de la cause, nous avons procédé par généralisation et sans nous occuper individuellement des contrats qui devaient tomber sous le principe qu'il nous suffisait d'établir.

Dans l'erreur sur la personne, au contraire, l'article 1110 (2ᵐᵉ alinéa) nous indique une marche à suivre toute différente ; il nous oblige en quelque sorte à un examen préalable de la convention, et il décide que l'erreur sur la personne n'entraînera la nullité du contrat qu'autant que la considération de cette personne aura été la cause principale de sa formation.

Nous ne pouvons donc poser ici qu'une règle conditionnelle et subordonnée aux circonstances de fait qui auront accompagné la création du lien de droit; cette condition détermine d'ailleurs *ab initio* .et d'après les circonstances les plus habituelles, deux catégories distinctes de conventions : Celles qui tombent sauf exception sous l'application de notre article, celles dans lesquelles la considération de la personne joue forcément le rôle principal ; celles au contraire, et ce sont les plus nombreuses, qui ne sont qu'exceptionnellement susceptibles d'être viciées par une semblable erreur.

De ces deux espèces de contrats, c'est la première qui doit nous occuper, et nous rechercherons quelles sont les différentes convèntions qu'elle doit embrasser dans sa généralité. Quant aux autres, dont les rares exceptions peuvent seules avoir quelque intérêt pour nous, nous les livrerons entièrement à l'appréciation de fait qu'elles comportent; les caractères que nous découvrirons dans les premières, pourront servir de guide à cette appréciation.

Voilà pour l'erreur sur la personne proprement dite, telle que la comprend l'article 1110, l'er-

reur sur l'individualité naturelle ou civile. Il
existe aussi une autre espèce d'erreur dont nous
aurons à parler à deux points de vue tout à fait
différents, l'erreur sur la qualité juridique de la personne avec qui on contracte, l'erreur sur sa capacité.

Étudiée au point de vue de son influence directe
sur la validité du contrat, et sur le droit qu'elle
peut faire naître au profit de celui qui l'a commise,
d'en demander la nullité, elle se sépare de l'erreur
sur l'individualité en général en ce qu'elle doit
être prise en considération dans tous les contrats
quels qu'ils soient. Du moment en effet où désirant
faire avec une personne un contrat définitif et régulier, il se trouve que cette personne en était
incapable, et que par conséquent la qualité essentielle que j'avais en vue, en contractant avec elle,
vient à faire défaut, il n'y a pas à distinguer entre
les différents contrats dont elle est incapable. Si,
par exemple, j'ai traité sans le savoir avec un mineur, et que sa capacité ait été véritablement la
cause principale de mon consentement, il est évident que cette erreur devra exercer une influence
aussi bien sur une vente, un louage, que sur un
contrat de société, puisqu'il est également incapable de ces deux contrats et que sa capacité est
relativement à sa personne la condition principale
de mon consentement.

Elle s'en sépare aussi en ce que l'erreur sur l'individualité, c'est-à-dire sur la personne physique, ses qualités civiles ou naturelles, constitue presque toujours une erreur de fait, tandis que l'erreur sur la capacité provient le plus souvent d'une ignorance de la loi plus difficile à admettre et surtout à prouver.

Examinée cependant sous ce premier rapport, l'erreur sur la capacité rentre en réalité sauf les différences que nous venons de signaler sous la dénomination générale d'erreur sur l'individualité civile de la personne avec qui on contracte et nous la confondrons dans l'étude de l'article 1110. Mais un autre caractère entièrement différent et sous lequel elle produit des effets juridiques non moins importants, c'est celui que nous rencontrons quand elle devient ce qu'on appelle la bonne foi, et que celui qui l'invoque ne veut pas s'en prévaloir pour faire annuler un contrat, mais pour couvrir au contraire la nullité résultant de l'incapacité elle-même, soit à l'égard des tiers, soit vis-à-vis de celui-là même avec qui la convention s'est formée; c'est aussi en étudiant les effets généraux de cette dernière espèce d'erreur que nous donnerons à ce côté particulier de l'erreur sur la capacité tous les développements qu'il comporte.

Revenons à l'influence de l'erreur comme cause de nullité, et reprenons avec notre article 1110, tout ce qui concerne l'individualité naturelle ou civile dans les différents contrats où elle doit avoir une influence juridique.

Il est utile de dire que dans toute cette matière, excepté toutefois dans le mariage, nous n'aurons plus à nous préoccuper comme nous l'avons fait à propos de l'erreur sur l'objet, de la distinction entre les nullités absolues et les nullités relatives. L'erreur sur la personne n'est jamais qu'un vice du consentement proprement dit, et elle ne fait nullement obstacle à la formation du contrat. L'article 1117 est donc le seul qui doive régir le 2me alinéa de l'article 1110 ; les explications que nous avons déjà données sur ce point nous indiquent les conséquences de cette application.

Disons également qu'il suffit que l'erreur existe chez celle des deux parties qui avait intérêt à ne pas la commettre, en réservant à l'autre qui n'est coupable d'aucune faute, le bénéfice de l'article 1382.

L'idée d'attribuer à la considération de la personne une influence sur la formation des conventions en général, et de certains contrats en particulier, n'est pas nouvelle dans notre législation. Nous en avons rencontré les premières traces en droit romain à propos de la donation et de la transaction, et Pothier dans son numéro 19 des obligations, nous donne une idée généra le de l'influence de l'erreur dans la personne, idée que le Code Na-

poléon n'a fait que reproduire, en modifiant cè-
pendant la condition principale qu'elle doit remplir
pour influer sur les solutions juridiques qui se
rattachent à elle.

Pothier plus général et en cela beaucoup moins
précis, prononçait la nullité pour erreur sur la
personne, quand la considération de cette personne
entrait pour quelque chose dans la pensée de celui
dont le consentement était erroné ; le Code Napoléon montre plus de sévérité, il exige aux termes
de l'article 1110, que la considération de la per—
sonne *soit la cause principale* de la convention en-
achée d'erreur. Il ne suffit donc pas que cette considération ait eu une influence même considérable
sur la formation du contrat, il faut, contrairement
à l'idée de Pothier, que cette influence ait été déterminante, qu'il demeure parfaitement certain que
le consentement n'aurait pas été donné si l'erreur
n'eut pas existé. Nous approuvons complétement
cette modification apportée dans l'intérêt de la solidité des conventions, à la formule de notre ancien
droit; elle a pour objet de préciser nettement l'influence de l'erreur dont nous parlons, et d'établir
qu'on ne puisse pas trop facilement se prévaloir
d'un fait qui constitue en définitive une négligence
de la part de celui qui, sans aucun dol de son adversaire, n'a pas jugé à propos de s'éclairer davantage avant de s'obliger.

La plus grande partie des contrats, comme nous l'avons dit, échappent dans leurs règles habituelles à l'économie de cette disposition. Il n'est pas impossible , il est vrai, que, dans une vente par exemple, la cause principale du consentement ne soit pour l'une des parties la considération de la personne de l'autre, mais c'est là un fait tellement exceptionnel, que la preuve n'en devra jamais être admise qu'avec sévérité et que dans tous les cas une présomption contraire l'accompagnera nécessairement.

Certains rapports d'obligations n'ont au contraire l'habitude de se former que sous l'empire direct de cette même considération; ce sont ces différents contrats que nous allons successivement étudier, en les reliant ensemble par des caractères généraux qui les divisent en plusieurs catégories bien distinctes.

SECTION I.

DES DIFFÉRENTES ESPÈCES DE CONTRATS QUI SUBISSENT L'INFLUENCE DE L'ERREUR DANS LA PERSONNE.

I. — Nous rencontrons au premier plan des contrats qui doivent nous occuper, et parmi ceux qui donnent naissance à un rapport pécuniaire pur et simple, tout ceux qu'on est convenu de ranger sous la dénomination générale d'obligations de faire. Il ne faut cependant pas en exagérer l'application, et perdre de vue la condition fondamentale de l'article 1110 qui n'envisage la considération de la personne que comme cause principale du consentement, et comprendre dans les obligations de faire dont nous voulons parler, celles qui n'exigent aucun art individuel et spécial. C'est ainsi que nous écarterons la nullité pour erreur sur la personne, dans un contrat intervenu par exemple entre un propriétaire et un ouvrier terrassier ou un maçon, pour le creusement d'un fossé ou pour l'élévation d'un mur, quand même dans sa pensée, ce propriétaire eût donné une préférence réelle à la personne de celui à qui il croyait s'adresser ; nous ne pouvons pas regarder dans toutes les hypothèses semblables, la considération de la personne, comme cause principale du consentement. Nous appliquerons au contraire l'article 1110 dans la convention formée entre un peintre, un architecte et une autre personne, qui désirant avoir une toile de tel maître, un château construit sous la direction de tel architecte, s'est adressée sous l'empire d'une erreur à un autre que celui dont le talent et la célébrité l'avaient seuls déterminée à conclure ce marché.

Nous dirons d'une manière générale que toutes

les fois qu'**une** obligation de faire exigera, pour être exécutée, une science ou un art tout spécial et tout personnel à celui qui s'est obligé à faire, il existera en faveur de celui qui a provoqué cette obligation en se trompant de personne, une pré— somption qu'il ne s'était engagé lui-même que par celte considération, une présomption qui lui permettra d'annuler un contrat dont le résultat serait absolument différent de celui qu'il en attendait.

II. — Un nombre considérable de contrats se rattachent à une espèce de relation personnelle de confiance et d'affection, et tout en ne faisant naître que des rapports pécuniaires entre les parties, ont pour base, pour cause principale, ce sentiment d'affection, cette pensée de confiance réciproque, qui se restreignant évidemment à une personne déterminée, doit entraîner la nullité du contrat, quand l'individualité civile ou naturelle de cette personne vient à être l'objet d'une erreur. C'est cette catégorie de contrats qui nous donne incontestablement la plus large application des nullités pour erreur sur la personne; c'est elle aussi, comme nous le verrons, qui va chercher le plus intimement en quelque sorte l'individualité, et qui se trouve modifiée aussi bien par l'erreur sur certaines qualités civiles que par l'erreur sur l'identité même.

Les contrats gratuits, les donations directes ou

indirectes, fournissent les exemples les plus pratiques ; on ne concevrait pas le maintien forcé d'une donation faite par erreur à une personne en vue de sa qualité de neveu ou de cousin du donateur, pas plus que celle qui serait faite d'une bibliothèque de droit à un jeune homme que l'on croit avocat, tandis qu'il s'occupe de médecine, de théologie ou de toute autre science.

Nous en dirons autant de l'institution contractuelle et du testament, quoique ce dernier ne rentre pas dans la matière des contrats. L'erreur sur la personne comme l'erreur sur la chose (chose d'autrui, article 1021 d'après l'opinion générale), doivent, à plus forte raison, être pris en considération quand il s'agit d'exécuter l'obligation unique résultant de la disposition testamentaire, puisqu'on n'a même pas, comme dans les conventions, à priver des suites de son contrat la personne qui avait le droit d'en attendre l'exécution.

La société civile, par les conditions mêmes de sa formation et de sa continuation, vient prendre rang après la donation ; la loi a pris elle-même le soin d'indiquer le caractère de personnalité et de confiance qui doit dominer dans la convention qui la crée, en décidant que la mort d'un associé suffit pour la dissoudre, ou même certaines condamnations et la seule volonté dans les sociétés perpétuelles.

Quant aux sociétés commerciales, nous donnerons une règle moins générale, et nous n'appliquerons la nullité résultant de l'erreur que dans les sociétés en nom collectif et en commandite par intérêt. La considération de la personne n'ayant aucune importance quand il s'agit de capitaux divisés en fractions égales, le plus souvent sans titre nominatif, et transmissibles par simple tradition du titre, l'erreur sur cette personne ne peut plus présenter aucun intérêt.

Le mandat et le dépôt rentrent aussi dans la classe des contrats de confiance, quoique dans certains cas ils puissent, le mandat surtout, appartenir aux obligations de faire. La faculté de révocation, dans ces deux sortes de conventions, la nature même des obligations réciproques qu'ils entraînent, en font des rapports d'obligations, où l'individualité naturelle ou civile de celui avec qui on contracte joue nécessairement le premier rôle, et doit entraîner la nullité quand elle a été l'objet d'une erreur assez grave pour avoir sur la formation du contrat une influence décisive.

La faculté de révocation qui existe d'une manière constante entre les mains du mandant, semble au premier abord faire disparaître, au moins pour ce dernier, l'intérêt d'une nullité du contrat pour erreur sur la personne. A quoi bon, en effet, recourir à ce moyen indirect, puisqu'on peut anéan-

tir par sa seule volonté et d'une manière instan—
tanée les conséquences d'un contrat qu'on a le
regret d'avoir formé ?

Dans les rapports du mandant et du mandataire,
cette nullité ne présente pas, il est vrai, une grande
utilité, mais elle est importante à rappeler et à
constater dans les rapports du mandant avec les
tiers. Si, en effet, nous restions dans les règles
spéciales du mandat, le mandant n'aurait jamais
entre ses mains que la faculté d'arrêter dans l'avenir
l'exécution d'un contrat qui, ayant irrévocablement existé dans le passé, laisserait les tiers à l'abri
de tout espèce de trouble et d'éviction ; tant pis
pour le mandant dont les volontés auraient été mal
exécutées. Mais si nous supposons que le mandant
après avoir investi de sa confiance un homme qu'il
prenait pour un autre, vient à s'apercevoir après
l'accomplissement d'un mandat désastreux pour
lui, qu'il a été dans l'erreur prévue par l'article
1110 Code Nap., la résolution qu'il fondera sur ce
chef, anéantira rétroactivement le contrat de mandat tant à l'égard des tiers que du mandataire lui-
même, et le mandant pourra d'une manière absolue et sauf indemnité pour le préjudice qu'il aura
causé, rentrer dans la plénitude des pouvoirs qu'il
avait délégués sous l'empire de cette erreur.

L'importance même de ces conséquences, graves,
pour le mandataire et surtout pour le tiers qui a

contracté avec lui, conséquences que nous aurons occasion de généraliser plus tard et d'étendre à toutes les nullités résultant de l'erreur, nous obligent à demander aux tribunaux une grande sé·vérité d'appréciation dans les faits d'erreur qui leur seront soumis , et c'est particulièrement en matière de mandat que les fraudes de ce genre sont à craindre, et qu'ils auront à discerner le simple regret d'une mauvaise spéculation, de l'erreur véritable et légitime. Du reste, les principes de cette solution nous paraissent incontestables malgré tout le danger qu'elle peut entraîner, et nous tenions à l'indiquer en théorie ; mais nous considérons une certaine rigueur d'interprétation comme indispensable à la garantie des droits légitimement acquis.

Parmi les différentes sortes de bail reconnus par la loi, et les divers moyens mis à la disposition des propriétaires pour tirer parti de leur chose sans la cultiver eux-mêmes, le bail à colonat partiaire nous donne un nouvel exemple de contrat de confiance entraînant à la fois des obligations de faire à la charge des preneurs.

Nous n'hésitons pas à le ranger dans la catégorie des contrats où la considération de la personne joue le rôle principal. L'article 1763, Cod. Nap., en déclarant l'incessibilité de ce bail à moins de convention expresse, nous donne lui-même la

pensée du législateur; aussi la doctrine est-elle unanime à en prononcer la nullité pour erreur sur la
personne. Il en sera de même pour le louage de do-
mestiques et d'ouvriers, qui rentre également dans
les termes des contrats à obligation de faire. Mais
il nous est impossible d'aller aussi loin que M. Demolombe, (tome I, Obligations n° 116) et de voir
un contrat de cette nature dans le simple bail
à ferme qui ne tombe pas sous l'application de
l'article 1763.

Le preneur à ferme devient en effet, par la nature de son bail, en quelque sorte le *dominus rei* ;
débiteur d'un prix invariable, il est libre de tirer
de la chose les fruits qu'il lui convient et de la
manière qu'il juge à propos, sans avoir à rendre
compte à son bailleur, sauf en cas de dol et de
mauvaise foi, d'autre chose que du prix de sa
location.

Le mode de culture, le talent particulier du
preneur ne joue donc pas dans cette forme du
bail, le même rôle que dans le colonat partiaire,
où le propriétaire n'ayant d'autre bénéfice qu'une
part des fruits en nature, incertaine comme la ré-
colte elle-même, a un intérêt direct et immédiat
à ce que la culture soit faite suivant le mode particulier d'exploitation dont il espère un rendement
plus sûr et plus considérable. Aussi nous séparons
complétement ces deux formes d'une même na-

ture de contrat, et nous les mettons sous la protection de deux présomptions diamétralement opposées. S'il arrive en fait que le bail à ferme dans la pensée du bailleur ait été consenti en considération de la personne, du talent particulier du locataire, le propriétaire devra ajouter la preuve de ce fait à celle de son erreur, tandis que dans le système généralement admis pour le colonat partiaire, la preuve seule de l'erreur devra entraîner au profit du bailleur la rescision du contrat.

III. Parmi les questions intéressantes et délicates qu'à soulevées la théorie des transactions, l'explication de l'article 2053 Cod. Nap. qui traite de l'erreur dans la personne, a donné lieu à une difficulté d'interprétation qui divise encore la doctrine.

Nous avons vu qu'en droit romain, la transaction était traitée au point de vue de l'erreur dans la personne, de la même manière que la donation. Nous savons également que la jurisprudence romaine encore fort peu avancée en matière de nullités ne s'occupait absolument à ce point de vue que de l'erreur sur l'identité même de la personne et prononçait dans tous les cas la nullité du contrat. Quelques auteurs et parmi eux M. Duranton (tome X n° 124) (1), s'emparant de cette donnée romaine,

(1) Voy. aussi M. Troplong, *De la transaction,* (tome I, art. 2053 n. 143).

ont voulu en retrouver dans notre article 2053 la reproduction exacte et textuelle, et ils ont décidé, d'une part, que cette erreur sur la personne n'entraînerait la nullité du contrat qu'autant que, voulant transiger par exemple sur un legs dont je conteste la validité, je me suis trompé de personne, et j'ai traité avec un autre que le véritable légataire ; et que d'autre part cette nullité existerait dans tous les cas et sans application possible de la distinction établie par l'article 1110.

Il nous est impossible d'accepter une pareille théorie, et nous nous croyons autorisés à repousser d'une manière absolue l'une et l'autre de ces données, qui d'ailleurs sont intimement liées l'une à l'autre, et d'une logique irréprochable dans leur enchaînement mutuel. Décider avec Duranton que la nullité de l'article 2053 est celle du droit romain, c'est en effet décider forcément que cette nullité est absolue et indépendante de toute question d'appréciation ; aussi est-ce de la définition même et de la base de cette nullité et sans nous occuper d'abord de l'économie de l'article qui a soulevé la difficulté, que nous prétendons tirer la preuve évidente que Duranton et d'après lui M. Troplong, ont méconnu les véritables principes de l'erreur, en se laissant entraîner par le fâcheux précédent d'un texte de droit romain.

La transaction n'apparaît en thèse générale du

moins, ni comme un contrat de confiance ni comme un contrat entraînant des obligations d'un carac- tère essentiellement personnel. Il peut arriver fort souvent, il est vrai, qu'une transaction inter- vienne entre deux amis par exemple, parce qu'en raison de leurs bonnes relations, en consi- dération de leurs personnes respectives, ils veulent éviter un procès. Mais il est impossible de tirer de cette circonstance une présomption comme celle que nous avons examinée déjà, et nous ne pouvons qu'en faire l'objet d'une appréciation de fait, dont la preuve devra se joindre à celle de l'erreur.

Serait-ce là d'ailleurs d'après les auteurs que nous combattons, l'hypothèse prévue par l'article 2053 ? Évidemment non ; nous avons déjà dit que les Romains n'avaient pas poussé aussi loin leurs idées sur l'erreur dans la personne, et M. Duran- ton est obligé d'écarter aussi ce premier point de vue pour se restreindre comme eux à l'erreur sur l'identité.

Mais ne voit-on pas alors dans quelles singu- lières limites on restreint l'article 2053, et qu'il devient dans ce système absolument inutile ? Re- prenons l'hypothèse d'un testament et d'une dif- ficulté sur un legs. L'héritier, désireux d'en ter- miner avec les embarras de la succession, voulant éviter les chances d'un procès, transige avec un individu qu'il ne connaît nullement, et qui se présente à lui comme le véritable légataire. La transaction est bien certainement nulle ; mais sera-ce en vertu de l'article 2053, comme elle le serait pour dol ou pour violence ? aucunement ; elle est nulle par application de ce que nous avons dit sur la cause et sur l'article 1131, elle n'aura jamais pris naissance parce qu'elle manque de l'un des éléments essentiels à sa formation, la cause, qui dans la transaction, est l'existence d'un rapport d'obligation plus ou moins douteux et liant entre elles les deux personnes qui transigent ?

Et c'est pour nous dire une pareille naïveté que les rédacteurs du 27 ventôse an XII auraient écrit l'article 2053, pour rappeler d'une manière aussi maladroite, un principe essentiel dont l'application à la transaction était aussi peu douteuse?

Nous comprenons cette décision en droit romain; nous l'acceptons encore dans l'ancien droit, alors que la cause n'était pas encore séparée du motif, et qu'on n'établissait relativement à eux qu'une distinction arbitraire d'après la gravité de l'erreur.

Il était naturel à ces deux époques législatives de donner une décision spéciale à l'erreur sur l'identité de personne dans la transaction, puisqu'on ne connaissait pas encore la théorie de l'erreur sur la cause ; mais sous la législation du Code Napoléon, après les discussions qu'ont soulevées les articles 1130 et 1131, après l'énumération de la cause parmi les éléments de formation des contrats, il est impossible d'attribuer à la rédaction de l'article 2053 une pensée aussi inutile, et que d'ailleurs l'ensemble de son contexte vient à notre sens démentir complétement : « Néanmoins, dit-il, une transaction peut être rescindée lorsqu'il y a erreur dans la personne ou sur l'objet de la contestation, elle peut l'être dans tous les cas ou il y a dol où violence. »

Et d'abord, nous pourrions dire sans attacher à cet argument de forme pour ainsi dire, une valeur bien considérable, qu'il y a une différence sensible entre les mots *dans la personne* employés par notre article et les mots *sur la personne* qui rentreraient au point de vue de la correction du langage, beaucoup mieux dans le sens que veut donner Duranton à notre article 2053. L'erreur dans la personne exprime en effet une idée beaucoup plus vaste, et embrasse en quelque sorte la personne dans son ensemble et ses différentes qualités naturelles ou civiles ; tandis que l'erreur sur la personne restreint la pensée à l'individualité, à l'ensemble de cette personne sur laquelle a porté l'erreur.

Mais nous ne voulons pas nous arrêter à une pareille dispute de mots que d'ailleurs nous retrouverons plus utile et plus sérieuse peut-être à propos du mariage, et nous arrivons de suite aux autres parties de l'article.

Nos adversaires, en décidant que l'article 2053 a voulu traiter l'erreur sur la personne à un point de vue particulier tiré du droit romain, et sortant de la théorie de l'article 1110 doivent, pour être conséquents avec eux-mêmes, donner la même portée et le même caractère à l'erreur sur l'objet, qui est aussi spécialement envisagée par notre disposition et dans le même corps de phrase. Puisque l'article 2053 déroge à la théorie générale du Code, il doit y déroger forcément dans toutes ses dispositions, et il est impossible de créer des différences arbitraires entre la personne et l'objet. Dès lors plus d'article 1110 à ce point de vue non plus, plus d'erreur sur la substance, plus de distinction entre les qualités essentielles et les qualités accidentelles: elles sont toutes également incapables de vicier la transaction. Il faut une erreur sur l'objet lui-même, c'est-à-dire sur son identité, et en d'autres termes un défaut absolu de consentement pour l'erreur sur l'objet, comme un défaut de cause pour l'erreur sur la personne ?

En vérité est-il nécessaire d'aller plus loin pour montrer combien un pareil système d'interprétation est singulier et inacceptable. Pourquoi la transaction serait-elle aussi mal partagée, alors qu'une erreur grave et légitime est venue entacher le consentement qui l'a produite ? Une semblable exclusion des principes ordinaires ne saurait se présumer aussi facilement, d'autant plus que si nous lisons l'article 2053 jusqu'à la fin, nous retrouvons encore à propos de dol et de violence la même force d'analogie entre l'erreur sur la personne et les autres vices du consentement.

La transaction pourra être rescindée pour dol et pour violence ; est-ce aussi une théorie spéciale à la transaction, que le législateur a voulu établir à notre titre pour le dol et la violence, comme pour l'erreur dans la personne et sur l'objet ? Cherchera-t-on en droit romain les règles du dol et de la violence pour les incorporer dans l'article 2053 comme on veut le faire pour cette espèce d'erreur ?

Nous pensons avoir suffisamment démontré combien la doctrine que nous combattons est en désaccord avec toutes les idées acceptées dans notre législation à propos de l'erreur, et combien elle rencontre de résistance dans les textes mêmes sur lesquels on veut la fonder. C'était plus qu'il n'en fallait pour la condamner, car il est bien facile d'expliquer pourquoi nos rédacteurs ont cru devoir rappeler à propos de la transaction le principe de l'article 1110 Cod. Nap. qui lui est incontestablement applicable.

La transaction par sa nature et par son but, est

un contrat qu'il importe peut-être plus que tout autre de conserver définitif et inattaquable. « Les transactions ont entre les parties, nous dit l'article 2052, l'autorité de la chose jugée en dernier ressort ; elles ne peuvent être attaquées pour cause d'erreur de droit ni pour cause de lésion ». Après un principe aussi nettement posé, nos législateurs ont pu craindre qu'on ne voulût étendre leur pensée au-delà de leur volonté, et ils ont cru nécessaire, pour éviter des difficultés d'interprétation, de rappeler dans l'article 2053 et sous forme d'exceptions, les principales causes de récision des conventions qu'ils ne voulaient pas exclure de la théorie des transactions. Le mot *néanmoins* qui lie entre eux les deux articles 2052 et 2053 en est la preuve manifeste ; et il nous montre en même temps que l'article 2053 n'a de portée que comme exception à l'article 2052, c'est-à-dire en faisant retour à la règle de droit commun modifiée par le précédent.

L'erreur dans la personne et sur l'objet, relative à un point de fait, le dol et la violence, sont donc dans la transaction comme dans les autres contrats, des causes de nullité, et elles le sont au même titre et avec les mêmes conditions. L'article 2052 n'établit rien autre chose qu'un renvoi aux différentes théories spéciales à chacune de ces nullités, et c'est là que nous devons chercher leurs véritables caractères. C'est là aussi, c'est-à-dire aux articles 1109 et suiv. du Cod. Nap. que nous renvoyons l'étude de ce qu'il y a de spécial à l'application de l'erreur dans la personne.

SECTION II

DES CONDITIONS QUE DOIT REMPLIR L'ERREUR DANS LA PERSONNE AUX TERMES DE L'ARTICLE 1110 DU CODE NAPOLÉON. ERREUR SUR LA CAPACITÉ.

De tous les contrats où l'erreur sur la personne figure comme vice du consentement, il nous reste à voir le mariage, le plus important et les plus intéressant de tous à étudier. Mais comme par sa gravité même et la nature spéciale des considérations qui doivent entrer en discussion, il mérite une attention particulière, nous allons examiner avant d'aborder le commentaire des articles 146, 180 et s. du Code Napoléon, dans quelle limite l'erreur sur la personne doit être admise dans les différents contrats que nous avons parcourus, et dire quelques mots de l'erreur sur la capacité.

La condition même imposée par la loi à l'admissibilité de l'erreur sur la personne, nous fait connaître à quels caractères de l'individu elle a voulu attribuer la conséquence de la nullité en cas d'erreur. En décidant que la considération de la personne devait être la cause déterminante et principale du consentement, nous n'hésitons pas à dire que la loi a voulu exclure toute règle absolue et toute distinction doctrinale entre les qualités naturelles ou civiles, principales ou accidentelles ; et qu'une seule chose doit faire l'objet d'un examen pour le juge, celle de voir si ce caractère plus ou moins important et envisagé dans l'une des parties par l'autre, a été la cause principale du consentement de cette dernière.

Peu nous importe qu'une qualité dominante de la personne, celle de frère, d'héritier par exemple, ait été l'objet d'une erreur, si dans la pensée de l'autre partie, cette qualité n'a pas été la cause principale du contrat.

Réciproquement, quelque spécial et restreint que soit le point de vue sous lequel une personne a été envisagée, si ce point de vue est déterminant, il doit, lorsqu'il est accompagné d'erreur, entraîner la nullité de la convention.

Voilà pour la règle générale et l'étendue absolue à donner à l'erreur sur la personne, dans les hypothèses et les contrats où elle doit être admise. Mais déciderons-nous pour cela que la preuve d'une erreur sur une qualité de la personne si peu importante qu'elle soit, établira dans les différents contrats que nous avons parcourus une présomption que cette qualité a été la cause déterminante du consentement ? Certainement non ; il n'y a rien de commun entre les conditions d'admissibilité de l'erreur comme cause de nullité et la présomption qui met à la charge de l'autre partie la preuve de son influence effective, ou plutôt de son défaut d'influence sur le contrat prétendu irrégulier.

Tandis que sur le premier point nous avons posé une règle tout à fait générale, sur le second il nous est impossible d'en formuler aucune : on comprend à merveille que ces deux idées n'aient rien qui les lient nécessairement l'une à l'autre, et qu'une erreur sur une qualité soit susceptible d'entraîner la nullité du contrat, quoique la preuve de cette erreur elle-même ne puisse pas suffire pour faire présumer qu'elle a eu une influence déterminante sur le contrat.

C'est donc en fait, et suivant les différentes natures des contrats que nous avons examinés, qu'ils faut considérer si la preuve seule de l'erreur sur une qualité, doit faire présumer que cette qualité a été la cause déterminante du contrat.

Cette présomption n'existera en général que pour les qualités civiles et naturelles les plus importantes et les plus habituellement prises en considération. Nous pouvons donner à titre d'exemple la qualité de neveu chez un donataire ; d'agriculteur chez un fermier à colonat ; de commerçant dans un contrat de société ; de peintre célèbre, d'architecte en renom dans une obligation de faire ; d'avocat dans un mandat qui nécessite des connaissances juridiques. Dans ces hypothèses et dans une foule d'autres, la présomption résultera de la preuve de l'erreur elle-même ; dans un grand nombre d'autres au contraire, et qu'il est impossible de déterminer a *priori*, les juges pourront exiger que le demandeur établisse après avoir prouvé son erreur, que cette erreur a été réellement la cause principale de son obligation.

A côté des différentes qualités civiles et naturelles, il existe une qualité juridique particulière, la capacité, dont on ne s'est pas assez occupé selon nous au point de vue que nous étudions, et qui nous paraît devoir figurer dans tous les contrats comme cause déterminante et principale du consentement.

L'erreur sur la capacité constitue le plus souvent, comme nous l'avons déjà dit, une erreur de droit J'ai contracté par exemple avec un mineur, une femme mariée, et je viens prétendre que mon consentement doit être annulé parceque j'ai ignoré que le mineur et la femme mariée fussent incapables de contracter, et que j'ai cru à tort pouvoir comp-

ter sur la solidité de cette convention ; ce sont autant d'hypothèses d'erreur de droit, et nous réservons nos explications. Mais l'erreur sur la capacité peut se présenter sous la forme d'une erreur
de fait et il importe de savoir quelle influence
cette erreur peut avoir sur la convention.

Notre question ne peut pas s'élever quand la capacité se confond avec la qualité même de propriétaire : l'article 1599 du Code Napoléon déclarant
la vente complétement nulle, cette nullité existe
aussi bien au profit de l'acheteur que du vendeur ;
aussi l'erreur de l'un d'eux ne peut-elle pas rendre
la vente valable et donner lieu à une action en
nullité spécialement fondée sur cette erreur.

Mais lorsqu'au lieu d'étudier un contrat absolument nul, nous entrons dans la longue série des
actions en rescision, nous trouvons des applications importantes de cette particularité de l'erreur,
dans la minorité et la tutelle par exemple, et dans
les actes qui se rattachent à la condition réciproque
de capacité résultant du mariage.

Dans les différentes situations légales qui dépendent de ces incapacités, il nous paraît évident
que l'erreur d'un tiers qui vient se heurter contre
l'incapacité d'un mineur, d'u tuteur, d'un mari,
d'une femme mariée, porte sur l'un des caractères
essentiels de la personne avec qui il contracte, et
qui peut figurer comme une des causes princi-

pales du consentement. Cette erreur doit donc rentrer sous l'application de l'article 1117, et donner ouverture au profit de celui qui l'a commise ,à une action en nullité à lui personnelle et entièrement indépendante de l'action en reciscion qui appartient au mineur et à la femme mariée quand ils ont contracté en dehors des conditions que leur impose la loi.

La doctrine et la jurisprudence admettent en général que le mineur n'est pas restituable contre les actes faits par son tuteur dans les limites de son administration ou dans les formes exigées par la loi. La difficulté qui s'est élevée sur ce point nous reste d'ailleurs complétement étrangère, car quelle que soit l'opinion que nous admettions, nous pouvons toujours rencontrer une catégorie plus ou moins nombreuse d'actes émanant du tuteur, et donnant lieu à une action en rescision au profit du mineur.

Nous choisirons donc une espèce applicable à la fois aux deux systèmes, et nous prendrons la vente faite par un tuteur d'une chose appartenant à son pupille, sans l'autorisation du conseil de famille ni l'homologation du tribunal. L'acheteur, nous le supposons, a cru que la chose appartenait au tuteur lui-même et que celui-ci était par conséquent capable de l'aliéner ; le tuteur, ignorait qu'il eut en sa qualité de tuteur des formalités à remplir,

et il a vendu de bonne foi. Nous avons bien une erreur sur la qualité juridique et la capacité, erreur
parfaitement déterminante et étrangère aussi à la
vente de la chose d'autrui proprement dite d'après
l'art. 1599, puisque le tuteur sauf certaines conditions peut aliéner les immeubles de son pupille (1).
La nullité résultant de l'incapacité étant relative, c'est-à-dire n'appartenant qu'au mineur, la
vente conservera tout son effet tant que durera la
minorité, et l'acheteur demeurera pendant tout cet
intervalle dans l'incertitude ; c'est la conséquence
nécessaire du caractère de la nullité qui existe au
profit du mineur.

Mais à côté de cette faculté de rescision fondée
sur l'incapacité et réservée à la personne du mineur, nous en placerons une autre fondée sur l'erreur de l'acheteur et qu'il sera de son côté également libre d'invoquer ou d'abandonner ; car la
capacité nous apparaît comme le caractère dominant et déterminant de la personne du vendeur, et
nous lui appliquons sans difficulté la théorie de
l'article 1110, qui permettra à l'acheteur tombé

(1) L'article 1311 emploie le mot *nul* quand il s'occupe du
vice de forme dans les actes faits pendant la minorité. —
Presque tous les auteurs reconnaissent qu'il n'y a pas là
une nullité absolue résultant d'un défaut de pouvoir, mais
une simple nullité relative à raison de la qualité générale de
représentant du mineur que l'article 450 donne au tuteur. —
Dailleurs l'art. 1311 n'exclue pas la ratification ; et on ne la
comprendrait pas, si l'acte était complétement nul.

dans une légitime erreur, de rompre une incertitude facheuse pour ses intérêts et d'obtenir lui-même la rescision de la convention sans attendre le bon vouloir du mineur et sa majorité.

Il n'y a, remarquons-le bien, aucune confusion entre ces deux actions qui marchent parallèlement pour ainsi dire et chacune avec une individualité spéciale ; et le principe que l'incapacité ne peut entraîner la nullité des conventions qu'au profit de l'incapable lui-même, ne reçoit aucune atteinte.

Il en est de même pour les actes faits par le mineur, quels qu'ils soient, puisque la lésion donne ouverture dans l'article 1305, à la rescision en sa faveur contre toutes sortes de conventions. Celui qui contracte avec un mineur parce qu'il le croyait majeur, a il est vrai, la faculté de mettre le tuteur en demeure de régulariser l'acte ou d'en demander la nullité immédiatement ; mais, outre qu'aux termes de l'article 464 le conseil de famille doit autoriser le tuteur qui veut intenter une action en justice et peut refuser l'autorisation de demander la nullité pour laisser au mineur la liberté d'agir comme il le jugera préférable en majorité, celui qui a contracté axec bonne foi ne doit pas subir des lenteurs qui lui sont étrangères et attendre la majorité du mineur pour savoir à quoi s'en tenir sur la valeur de son contrat ; c'est l'action en nullité pour erreur sur la capacité, qui lui permettra de sortir de cette situation précaire en renonçant lui-même aux chances de ratification qu'il est libre d'abandonner à son gré.

Les règles particulières de capacité qui résultent du mariage pour les deux époux, nous fournissent encore des exemples de nullité pour erreur sur la personne.

Sous le régime de communauté, le mari quoiqu'investi d'un pouvoir presque illimité ne peut pas aux termes de l'article 142 Cod. Nap. aliéner sans son consentement un immeuble personnel à sa femme; supposons qu'il ait cependant malgré cet article vendu à un tiers de bonne foi et sans l'intervention de sa femme un immeuble appartenant à celle-ci : la femme peut certainement en principe revendiquer son immeuble, mais son action se trouvant nécessairement accompagnée de la responsabilité de garantie, elle ne peut se prononcer irrévocablement qu'à la dissolution de la communauté, alors que son acceptation ou sa répudiation aura fixé d'une manière définitive ses droits à la révocation de l'aliénation, en donnant la mesure de la part qui lui incombe dans la nécessité de garantie.

C'est à cause de cette conséquence des principes, que nous voyons dans l'article 2256 Cod. Nap. la prescription suspendue à son profit.

Il résulte de cette incertitude, que vis-à-vis du tiers acquéreur lui même, la validité du contrat est suspendue, et qu'il est obligé d'attendre la dissolution de la communauté pour mettre la femme en demeure de se prononcer. S'il a connu la provenance de l'immeuble et le défaut de qualité de mari et s'il a accepté les risques de la situation, rien de mieux, il attendra. Mais s'il a commis sur la capacité du mari, une erreur de fait ou de droit, nous croyons qu'aux termes de l'article 1110, cette erreur portant sur une qualité déterminante de la personne, sa capacité juridique, doit donner ouverture en faveur de l'acheteur à notre action en nullité, qui viendra comme dans les actes du tuteur et du mineur faire équilibre en quelque sorte à celle de la femme, en permettant à l'acheteur d'obtenir de suite une solution conforme à son intérêt.

Le régime dotal nous fournit aussi plusieurs exemples du même genre. La conséquence de la dotalité, l'inaliénabilité et l'imprescriptibilité, sont la source d'une foule de procès en nullité de conventions intentées par des femmes qui ont contracté avec l'autorisation de leur mari. Le mari étant pendant le mariage et avant la séparation de biens seul capable d'exercer les actions de la femme, c'est après la séparation de biens qu'est renvoyée aux termes de l'article 1560 Cod. Nap.

la faculté accordée à celle-ci de demander personnellement la révocation des aliénations, qu'elle
seule, ou son mari seul, ou même tous les deux,
n'avaient pas le droit de consentir.

On comprend facilement dans toutes ces espèces
d'une application extrêmement fréquente, que les
tiers aient un intérêt considérable à se débarras-
ser d'un contrat dont le bénéfice peut leur être enlevé à chaque instant, alors qu'ils ont eu de justes
motifs pour compter sur quelque chose de solide
et d'inattaquable.

Ajoutons cependant, relativement du moins à la
dotalité, qu'une grande partie de l'utilité de notre
décision a disparu depuis la loi du 10 juillet 1850
due à l'initiative de notre excellent maître M. Valette, loi qui donne aux tiers qui veulent contracter avec des personnes mariées, le moyen de se
rendre compte de leur régime matrimonial, et d'é-
viter des erreurs trop faciles, des fraudes même,
qui provenant du mari seul par exemple, ne pouvaient pas être la cause d'une action en nullité
contre la vente consentie par la femme même
autorisée de son mari.

La capacité doit donc figurer dans la théorie de
l'erreur parmi les qualités de la personne qui sont
susceptibles d'entraîner la nullité des contrats par
la preuve de leur influence déterminante et de l'erreur dont elles ont été l'objet.

Elle nous paraît être à moins d'exception, sinon la raison immédiate et principalement envisagée dans la formation de tous les contrats, au moins l'un des motifs inséparables du consentement dans le plus grand nombre.

Les exemples que nous avons pris dans la tutelle et le mariage peuvent servir à en généraliser l'application ; nous la croyons à la fois équitable et juridique.

SECTION III

DE L'ERREUR DANS LE MARIAGE.

On a donné tant de définitions du mariage et de si différentes, que nous nous abstiendrons d'en reproduire aucune ; d'ailleurs nous les acceptons toutes. La multiplicité des rapports et des situations légales résultant de l'union des individus en fait à notre sens un contrat qui peut être envisagé à presque autant de points de vue qu'il y a de gens mariés, et nous voulons laisser à chacun le soin de déterminer dans sa pensée le caractère principal sous lequel il le considère.

Restreignant le cercle de notre étude à l'un des éléments le plus généralement accepté comme essentiel dans le mariage, la personnalité du conjoint dans le sens le plus large, nous aurons à examiner dans quelle mesure, la loi positive a dû en tenir compte, et quelle influence la théorie des articles 146, 180 et 181 du Code Napoléon a accordé à l'erreur, qui est venue entacher d'un vice plus ou moins considérable le consentement des époux.

Notre ancien droit personnifié dans Pothier avait établi sur l'admissibilité de l'erreur, des règles sévères que justifiaient la facilité et la clandestinité des mariages canoniques, et que le Code Napoléon à la fois plus digne et plus sévère dans ses prescriptions pouvait faire disparaître sans porter atteinte à la garantie de l'indissolubillité et à la gravité des engagements conjugaux. D'autre part, la facilité introduite par les habitudes du temps de se marier par procureur et d'épouser ainsi sans la voir une personne qu'on n'avait jamais connue, exposait à des surprises et des substitutions qui étaient l'objet d'une règlementation presque inutile aujourd'hui.

Quoi qu'il en soit de ces causes, Pothier dans son traité du contrat de mariage, aux numéros 308 et suiv. résume l'opinion admise de tous temps jusqu'à lui et la sanctionne de son autorité : « L'erreur de l'une des parties, nous dit-il, et qui tombe *sur la personne même qu'elle se propose d'épouser*, détruit son consentement. Si par exemple me proposant d'épouser Marie et croyant contracter avec elle et l'épouser *je promets la foi de mariage à*

Louise quise fait passer pour Marie, il n'y a pas de consentement et le mariage que j'ai contracté avec Louise que je prenais pour Marie est nul pour défaut de consentement. » Voilà pour l'erreur sur l'individualité physique ; elle entraîne nécessairement la nullité du mariage si l'époux trompé vient à se prévaloir du vice radical qui a altéré son consentement. A côté de cette espèce d'erreur, Pothier traite de l'erreur *sur la qualité de la personne,* et il ajoute : « *que cette erreur ne détruit pas le consentement nécessaire pour le mariage et n'empêche pas par conséquent le mariage d'être valable.* Par exemple si j'ai épousé Marie la croyant noble, quoi qu'elle soit de la plus basse roture ; ou la croyant vertueuse quoi qu'elle se fût prostituée ; ou enfin la croyant de bonne renommée quoiqu'elle ait été flétrie par justice ; dans tous ces cas le mariage est valable et demeure inattaquable nonobstant l'erreur dans laquelle j'ai été à son sujet. »

Toute notre ancienne jurisprudence se résume donc dans une distinction profonde : d'une part, erreur sur la personne même, sur son identité physique, et nullité du mariage ; erreur d'autre part, sur la qualité de la personne, et validité du mariage. Pothier la justifie encore dans cette phrase caractéristique : « L'erreur qui tombe sur la personne même est incompatible avec ce qui est de l'essence du mariage ; car il est de l'essence du mariage qu'il y ait un homme et une femme qui veuillent l'un et l'autre s'épouser, ce qui ne se trouve pas lorsque la femme que je parais épouser n'est pas celle que je veux épouser ; mais il n'est pas de même de l'essence du mariage que la femme que j'épouse ait la qualité que je crois qu'elle a ; il suffit que ce soit celle que j'ai voulu épouser. »

Une exception et une hésitation dans la doctrine sur un autre point, viennent seules rompre la netteté et la simplicité de ces deux solutions. D'après la Novelle 22, chap. X de Justinien et les canons et décrétales d'Alexandre III et d'Urbain III, l'erreur portant sur la qualité *servile* de la personne que l'on a épousée entraînait la nullité du mariage (Poth. n° 311), et l'erreur sur l'état civil avait fait naître des hésitations qui avaient laissé Pothier lui-même indécis: lorsqu'une femme par exemple a épousé un homme qu'elle croyait jouir de son état civil et qui était *mort civilement* par suite d'une condamnation au bannissement ou aux galères à perpétuité. D'ailleurs Pothier (n°313) s'empresse d'ajouter : « Néanmoins il n'y a ni loi ni canon qui déclare nul le mariage contracté par cette espèce d'erreur ; au contraire, il y a des arrêts qui ont déclaré valides des mariages avec des personnes dont on ignorait le bannissement.... »

L'ancien droit s'était occupé aussi de l'erreur sur les qualités physiques; nous ne retracerons pas les exagérations contraires qu'il en avait tirées et les procédures immorales qui accompagnaient les demandes en nullité de mariage pour impuissance ; de pareils détails doivent rester bannis même au point de vue historique de toute étude juridique sérieuse. Fruits d'une législation décomposée par les mœurs du temps et les vices de la constitution sociale, ils doivent disparaitre avec les ideés qui les ont produits.

Quelle a pu être sur les rédacteurs du Code Napoléon l'influence de ces différentes théories de l'ancien droit, on est loin d'être d'accord sur ce point. Une partie de la doctrine de moins en moins nombreuse d'ailleurs, veut voir dans nos articles 146, 180 et 181 la reproduction des idées de Pothier, et prend pour guide de ses interprétations les règles que nous venons de donner, en se réservant toutefois avec une facilité que nous nous plaisons à lui reconnaître, le droit de choisir, d'accepter ou d'éliminer, suivant l'intérêt de sa cause.

La jurisprudence s'était déjà presque entièrement détachée de ce système, et un arrêt de cassation du 11 février 1861 avait posé nettement le principe d'une séparation complète entre la pensée de nos rédacteurs et les précédents que leur vote aurait

irrévocablement condamner à l'oubli ; la puissante autorité de son procureur général M. Dupin
a opéré dans sa doctrine un revirement complet,
et l'a ramenée aux errements de Pothier, dans un
arrêt du 24 avril 1862 que nous rapporterons en
entier à cause de son importance, quand nous
aurons développé les solutions que nous adoptons
nous-mêmes.

Nous pensons quant à nous, que le mouvement d'idées amené par la révolution a dû emporter avec lui tout ce qui restait de notre vieille
jurisprudence et avait été le fruit malheureux de ses
élucubrations de *quinze siècles* comme disait Camba-
céres à la séance du 24 brumaire an X. Non pas que
nous voulions écarter toute influence de l'ancien droit sur la rédaction de nos Codes, nous
irions en cela contre la vérité la plus incontestable ;
mais nous repoussons avec la plus entière conviction, tout ce qui se rattache à la condition des
personnes dans l'état et dans la société civile, tout
ce qui avait été en cette matière la création de
notre ancienne société inspirée par le droit canonique, et n'était pas allé chercher ses origines
dans les monuments du droit romain ou le vieux
douaire des Gaulois.

Du reste, au point de vue particulier de notre
thèse, c'est-à-dire dans une matière comme celle
de l'erreur dans le mariage qui peut se régler et

s'organiser par les seules forces de la raison, qui pour être vraiment conforme au bon sens juridique, doit pouvoir être applicable à toutes les convictions et rester absolument étrangère à toute influence religieuse, nous pensons que la théorie introduite par nos législateurs, n'a pas d'explications à demander à l'histoire. N'ayant rien en effet qui puisse dans la société romaine leur servir de guide, n'ayant plus à tenir compte des différentes influences qui avaient formé en matière de mariage notre droit coutumier, les rédacteurs du Code civil ont puisé leur volonté dans l'organisation sociale qu'ils avaient sous les yeux et dans les principes de justice absolue, qui avaient guidé cette nouvelle organisation elle-même. Nous écartons donc dès maintenant du débat tous les précédents historiques que nos adversaires ont essayé d'y introduire, et c'est en eux-mêmes et dans leur idée abstraite que nous chercherons l'explication des articles 146 180 et 181 du Code Napoléon.

« Il n'y a pas de mariage lors qu'il n'y a point de consentemeut, » nous dit l'article 146. Le consentement est donc un des éléments essentiels non-seulement à la validité, mais à la formation même du mariage ; il est l'âme du mariage, selon l'expression de M. Troplong. C'est là une vérité incontestable et qu'il eut été à peine nécessaire de formuler, si les termes de cet article n'eussent pas eu pour but d'exprimer une pensée plus vaste et plus générale. Le mariage est est un contrat, et comme tous les contrats il ne peut se former que par le consentement, que par une volonté réciproque de se prendre pour époux, volonté manifestée dans une forme que la loi a rendue presque sacramentelle pour lui donner plus d'énergie et de certitude. Mais le consentement par le seul fait de son existence ne suffit pas pour créer le lien du mariage, il faut encore qu'il soit exempt de certains vices, et qu'il n'ait été donné d'après l'article 180, ni par erreur dans la personne ni sous l'empire de la violence.

Voici quelle est selon nous la portée de l'article 146, le point de départ et la généralisation en quelque sorte de l'idée de consentement en matière de mariage. Il a voulu d'abord exprimer cette idée fondamentale, que le mariage ne pouvait résulter que de la volonté des époux, qu'un père par exemple ne pouvait pas marier sa fille sans sa volonté, et consentir pour elle comme il peut le faire dans l'administration de la fortune personnelle qu'elle peut avoir. Il a voulu aussi préjuger le développement des articles 180 et 181 et indiquer la nécessité d'un consentement valable, dégagé de tout vice qui en altère la liberté. Il a eu enfin pour but, et c'est là que commence la controverse, d'établir une distinction nécessaire entre les mariages nuls, et les mariages annulables, et en renvoyant aux articles 180 et 181 l'explication de l'annulabilité résultant des vices du consentement, de prononcer lui même dès le début, la nullité absolue d'un mariage contratée sous l'empire d'une erreur telle qu'elle implique l'absence totale du consentement, ou par une personne incapable de consentir, un interdit, un fou en dehors d'un intervalle lucide et un mort civilement.

Ces derniers exemples n'ont besoin d'aucun commentaire ; il est facile de comprendre qu'on ne puisse tenir absolument aucun compte du consentement d'une personne qui naturellement ou civilement n'est pas susceptible d'exprimer une volonté. Dans toutes ces hypothèses, aucun lien ne sera formé, il n'existera aucune nécessité de faire prononcer la nullité par la justice, et surtout aucune ratification ne sera possible par la cohabitation de six mois dont parle l'article 181.

Quant à l'erreur qui fait disparaître entièrement le consentement et lui en donne la forme et l'apparence bien plus que la réalité, elle est aussi très-facile à saisir, et se détache nettement de l'erreur sur la personne qui ne fait que vicier le consentement et tombe sous l'application de l'article 180.

Voulant épouser Marie que je connais et que j'aime,

je me présente devant l'officier de l'état civil ; on m'amène une jeune fille de la taille de Marie et si bien cachée par son voile que je ne distingue pas ses traits ; je réponds à l'officier de l'état civil que je consens à prendre pour femme, Marie ici présente, la jeune fille que j'ai à côté de moi. Quand je découvre après la célébration du mariage que cette jeune fille n'était pas Marie, mais bien Louise qui m'est tout à fait étrangère, que je ne connais pas, que je ne veux pas épouser, peut-on dire qu'il y a ici un consentement quelconque un accord de volonté, même vicié et imparfait ? Louise a bien pu consentir à m'épouser et faire porter sur moi la volonté qu'elle exprimait, mais moi, est-ce sur elle que j'ai fait porter mon consentement ? en répondant *oui* à l'officier de l'état civil, ma pensée s'est-elle fixée sur la personne dont le voile me dissimulait les traits ? Il y a au contraire dans un semblable échange de volontés, un désaccord complet, il y a deux pensées qui ne se sont pas rencontrées sur l'objet commun qui devait les lier, le mariage ; il y a un défaut absolu de consentement et une nullité radicale que ne pourrait pas couvrir la cohabitation la plus longue, le consentement tacite le plus certain.

Supposons au contraire, que désireux de m'allier à la famille d'un de mes amis, je lui demande en mariage sa fille ou sa sœur que je ne connais pas, que je n'ai même jamais vue. Le mariage décidé, toutes choses convenues, je suis présenté à une jeune fille que je crois être la sœur de mon ami et le mariage est célébré.

Après la célébration, j'apprends qu'au lieu de la sœur de mon amie, c'est par exemple la femme de chambre de celle-ci que j'ai épousée, celle-là même d'ailleurs que j'avais vue avant notre mariage et à qui j'avais fait ma cour sous l'empire de mon erreur. Nous avons certainement encore un consentement entaché d'une erreur suffisante pour faire prononcer la nuillité du mariage, car il y a, même d'après Pothier, erreur sur l'identé physique de la personne que je voulais épouser ; mais jusqu'à ce que j'aie établi mon erreur en justice et que j'aie fait prononcer la nullité, je suis marié et bien regulièrement marié, car mon consentement a réellement porté sur la personne qui était à côté de moi et que j'épousais librement en la prenant pour une autre. Le mariage sera tellement valable, que j'aurai seul le droit d'en demander la nullité, et qu'une cohabitation de six moix aux termes de l'article 181, me privera du bénéfice de cette action.

Cette différence nous parait tellement sensible et ses conséquences d'une gravité si considérable que nous ne comprenons pas qu'un esprit aussi éminent et aussi judicieux que M. Paul

Pont (1) dont nous adoptons au surplus la plupart des idées en matière d'erreur dans le mariage, n'en ait tenu aucun compte, et qu'il se soit laissé entraîner par l'exemple de l'ancien droit, qui, comme nous l'avons vu, ne distinguait pas entre deux situations aussi différentes, et permettait aux époux dans l'un et l'autre cas, de couvrir cette nullité par une cohabitation de trois ou quatre années suivant les circonstances de fait (2).

D'après ce savant magistrat, l'article 146 n'aurait pour but que de poser un principe développé dans les articles 180 et 181 ; nous pensons avoir démontré qu'il était impossible d'assimiler dans leurs caractères et dans leurs conséquences les deux hypypothèses d'erreur sur l'individu que nous venons dexaminer, et nous nous refusons complétement à confondre deux ordres d'idées qui doivent rester complétement séparés (3).

L'erreur seul identité de la personne est donc de l'aveu de tout le monde une cause de nullité du mariage, nullité absolue d'après nous et aux termes de l'article 146, nullité relative d'après M.

____

(1) Revue critiqne de législation et de jurisprudence t. XVIII, livraison de mars et avril 1861.

(2) Pothier n. 315. — Nous reviendrons sur cette décision de Pothier en traitant de l'erreur sur les qualités, et nous verrons dans quelle bizarre contradiction elle a entraîné l'illustre interprète.

(3) Conf. Marcadé art. 180 n. 629 et s. — Demolombe, mariage tome 2 art. 180 n. 251.

M. Paul Pont, qui combine l'article 146 avec les articles 180 et 181 dont ils ne seraient que le développement ; mais là ne s'arrête pas, à notre avis, l'influence de l'erreur comme cause de nullité, et nous sommes obligés avec M. Paul Pont lui-même et une grande partie de la doctrine, de laisser en arrière tous les partisans de l'ancien droit qui veulent voir dans nos dispositions, la reproduction des idées de Pothier.

La discussion s'est d'abord engagée sur le terrain des travaux préparatoires. On a cherché de part et d'autre à découvrir la pensée véritable du législateur et à en faire sortir une lumière qui devait éclairer de la manière la plus nette la théorie du 26 ventôse an XI. Nous ne pouvons mieux faire que de renvoyer sur ce point à la remarquable dissertation de M. Pont dont nous avons parlé. Quant à nous, nous avons parcouru dans tout ce qu'ils pouvaient avoir d'intéressant pour notre discussion, les comptes rendus des différentes assemblées législatives où a été voté le titre du mariage, et nous avouons en toute humilité n'y avoir rien trouvé qui put élucider notre question.

D'ailleurs ce n'est pas la première fois que nous rencontrons pareille obscurité dans les travaux préparatoires et les Exposés de Motifs. Trop incomplets pour nous donner tous et dans leur entier les discours prononcés soit aux chambres soit au tribunat, ils ne reproduisent généralement que les opinions isolées de quelques orateurs, opinions qui ne peuvent jamais être prises pour une pensée collective, et impliquent forcément les contradictions qui résultent de tout débat législatif.

Du reste la discussion des textes en eux-mêmes suffit à la justification de notre cause, et leur netteté et le choix des expressions qu'ils emploient nous donnent mieux que toutes les observations de tribune, la pensée collective qui a constitué la volonté de la chambre et la loi que nous commentons.

Nous avons dit que le mariage était un contrat revêtu il est vrai de certaines solennités, mais un contrat soumis à toutes les règles qui régissent les autres, et particulièrement au consentement qui est l'âme de toutes les conventions. Or, rapprochons les conditions de validité du consentement dans le mariage, des causes qui, aux termes des articles 1109 et suivants, vicient le consentement dans les contrats en général et qui sont le dol, la violence et l'erreur.

Une raison des plus simples nous fait écarter le dol quand il s'agit du mariage, et nous explique pourquoi l'article 180 n'en parle pas. Le dol n'est pas en effet une véritable cause de rescision des conventions; il a pour effet d'entraîner une condam -

nation à des dommages-intérêts, une indemnité
pécuniaire, et si dans certains cas il autorise la
rescision du contrat, c'est-à-dire lorsqu'il provient du fait de l'une des parties contractantes, ce
n'est jamais qu'à titre d'indemnité et pour donner
à la partie trompée la plus exacte réparation du
préjudice qui lui ait été causé. Or, il était impossible d'appliquer au mariage cette réparation pécuniaire fondée sur un ordre d'idées qui doit
lui rester étranger ; d'ailleurs, trouverait-on beaucoup de mariages qui fussent exempts de ces pe-
tites supercheries plus ou moins graves qui constituent ce qu'on appelle le dol ?

Il nous reste la violence et l'erreur, qui précisément sont énumérées par l'article 180 comme
des circonstances susceptibles de vicier le consentement dans le mariage. Le premier paragraphe
parle du consentement qui n'a pas été libre, le
second de celui qui a été accompagné de l'erreur.
Or, celui qui traite de la violence, n'entre dans
aucun détail et ne précise rien quant aux conditions
de son admissibilité ; il faut donc nécessairement
se reporter à la théorie générale des articles 1111
à 1114 Cod. Nap. et déterminer les caractères de
la violence d'après le droit commun de ces articles.
Mais alors pourquoi en serait-il autrement de l'erreur ? Nous ne trouvons pas que je sache dans le
second paragraphe de l'article 180 plus de rensei-

gnements que dans le premier, et nous sommes obligés pour définir l'erreur dans la personne, de consulter l'article 1110 et de dire avec lui que dans le mariage comme dans tous les contrats, l'erreur sur la personne n'est une cause de nullité qu'autant que la considération de cette personne a été la cause principale de la convention, c'est-à-dire a produit autre chose qu'un défaut absolu de consentement résultant de la confusion d'identités; et d'ajouter d'après les explications que nous avons données sur cet article, qu'il ne s'agit pas seulement de l'erreur sur l'identité, mais aussi de l'erreur sur la qualité qui dans la personne a été une des causes déterminantes du consentement.

Si nous voulions pousser plus loin les analogies, nous pourrions dire que la personne étant dans le mariage l'objet de l'obligation, l'article 1110 doit lui être appliqué dans toutes ses dispositions et la nullité prononcée non-seulement pour erreur sur l'identité, mais encore pour erreur sur les qualités substantielles de l'objet de l'obligation, c'est-à-dire de la personne qui est le véritable objet de la convention de mariage.

Mais la grande raison de texte que nous puisons dans l'article 180 nous est donnée par un incident de rédaction, le seul dont nous voulions parler, parce qu'il se détache entièrement de la confusion des autres discussions législatives.

La Cour de cassation consultée sur la rédaction de notre article, avait proposé de substituer aux mots *erreur dans la personne*, les mots *erreur sur l'individu*, (1) qui donnaient entière satisfaction aux précédents historiques, et on n'a tenu aucun compte d'un changement aussi capital, l'ancienne rédaction a été maintenue. C'est qu'en effet l'erreur *sur l'individu* la restreignait complétement dans les termes du système de Pothier, et qu'au contraire l'erreur *dans la personne* rendait la pensée nouvelle des rédacteurs de 1804, qui voulaient la nullité du mariage toutes les fois que la personnalité dans son étendue la plus large, personnalité civile ou personnalité morale, aurait été l'objet d'une erreur dans l'un de ses éléments essentiels.

Ajoutons encore que l'article 181 donne six mois à l'époux pour se prévaloir de son erreur. Or il nous paraît tout à fait inadmissible qu'un délai aussi long et qui ne court qu'autant qu'il y a cohabitation effective, ait pu être accordé au cas d'une erreur sur l'identité qui est si facile à constater et en même temps si difficile à concevoir.

Il faut bien en effet le dire, les temps ont changé depuis Pothier ; le mariage a pris un caractère plus sérieux et plus imposant depuis qu'il est de-

____

(1) V. Fenet tome II, pag. 461.

venu un acte civil ; la nécessité d'une célébration publique par un officier de l'état civil rendent les suppositions de personnes presque impossibles, et l'erreur sur l'identité tout-à-fait impraticable. Aussi concevrions-nous difficilement que notre Code ait voulu prendre tant de soins à réglementer cette dernière espèce d'erreur, alors surtout que les principes généraux du défaut absolu de consentement et l'article 146 suffisaient complétement pour prononcer une nullité sur laquelle il ne pouvait y avoir aucun doute.

Les articles 180 et 181 ont donc nécessairement une autre portée et c'est dans l'erreur sur l'individualité civile et les qualités de la personne, que nous devons chercher l'application de la nullité qu'ils prononcent ; nous n'avons plus qu'à examiner dans quelle mesure cette individualité doit être prise en considération, et quelles sont les qualités dont l'absence chez un conjoint rendra l'autre recevable à se prévaloir de son erreur pour demander la nullité du mariage.

Pothier lui-même en dépit de sa résistance nous en donne l'exemple le plus incontestable. Nous avons vu qu'il confondait dans la classe commune d'erreur sur l'identité, ce que Marcadé appelle la substitution de personne inconnue à personne connue et substitution de personne inconnue à personne inconnue, toutes deux hypothèses que nous avons étudiées et comparées dans leurs conséquences, à propos de l'article 146 et de notre distinction entre les mariages nuls et les mariages simplement annulables.

En effet, et pour reprendre l'exemple que nous donnions d'un mariage contracté avec la femme de chambre de la personne que l'on voulait épouser sans l'avoir jamais vue, mais parce qu'elle était fille ou sœur de tel ou tel, descendons au fond des choses et voyons si Pothier lui-même, en prononçant la nullité de ce mariage, ne prenait pas un peu le change sur la nature d'erreur qu'il faisait entrer en considération. Peut-on vraiment dire avec lui qu'il y a dans cette espèce une erreur sur l'identité de la personne? Nous ne le pensons pas, car la femme de chambre était bien la personne qu'on me présentait et que j'avais l'intention d'épouser ; je ne me suis pas trompé sur son individualité physique, et j'ai sur ce point agi librement et en connaissance de cause ; mon erreur porte uniquement sur la personnalité civile de cette femme ; c'est bien à elle que j'ai donné ma foi, mais à elle que je croyais la sœur de tel de mes amis, que je croyais tenir dans la société et dans la famille, une place qui est occupée par une autre.

Nous voilà bien loin ce me semble de l'hypothèse où j'ai donné mon consentement sur une personne dissimulée par un voile, et qui était physiquement

tout   autre que celle sur qui portait ma pensée, et
nous entrons complétement avec Pothier lui-même
en pleine erreur sur les qualités civiles, pour le
prendre en flagrant délit de contradiction, puisque
comme nous l'avons vu, il incline vers la validité
du mariage contracté avec un homme sans état
civil, avec un mort civilement, et qu'il prononce
sans hésiter la nullité au cas d'erreur sur l'état
civil, parce qu'il n'a pas compris lui-même le caractère véritable de cette seconde espèce d'erreur.

Toute personne revêt en effet dans la société et
dans la famille une individualité particulière ; c'est
cette individualité dont s'occupe l'article 180 en
prononçant la nullité pour erreur *dans la personne*.
Cette individualité n'est pas d'ailleurs un tout indivisible, elle est susceptible de plus ou de moins
et elle laisse à l'appréciation de fait une large place.
On ne doit pas non plus confondre les qualités fondamentales qui la constituent avec les qualités
accessoires qui ne changent rien à son originalité,
et qui par leur absence et leur présence ne modi-
fient en rien son type essentiel, sa nature propre.

Dans la famille et dans la société en même temps,
l'individualité résulte de la qualité de fils, de frère,
de veuve, de tel ou tel ; elle peut même résider
dans la qualité de fils aîné quand à cette qualité
sont attachés des avantages particuliers comme la
succession à un trône.

L'individualité dans la société, ce qu'on peut appeler très-exactement la personne civile, se compose de certaines capacités, de certains droits ou attributs créés ou reconnus par la loi civile. Elle réside dans la qualité de citoyen, la jouissance de tous les droits civils ou politiques, l'aptitude aux fonctions qui exigent de la part de la loi une certaine confiance.

Il n'y a du reste aucune équivoque à faire sur ces différents caractères, et aucune confusion possible avec les qualités accessoires qui sont des attributs des agréments de la personne, et qui résultent d'une fortune, d'un nom, d'une réputation, d'un talent, d'une constitution physique même. On ne peut voir dans l'erreur sur ces dernières qualités qu'une déception, qu'une mauvaise chance sans conséquences légales, tandis que la nullité du mariage ne peut s'attacher qu'à une erreur sur l'individualité dans la famille, une erreur sur l'absence ou la diminution dans l'individualité sociale, la privation par exemple, de l'exercice des droits civils et politiques ou la qualité d'étranger.

Nous citerons à titre d'exemple, le mariage dont nous avons déjà parlé avec la femme de chambre de la personne qu'on croyait épouser ; le mariage avec la fille cadette d'un prince alors qu'on croyait et voulait épouser l'aînée, héritière de la principauté ; le mariage avec une personne que l'on croit être la veuve d'un ami à qui on a juré sur le champ de bataille par exemple d'adopter sa famille et de la faire sienne.

Nous n'hésitons pas à prononcer la nullité en droit au moins, pour erreur sur la qualité d'étranger chez celui avec qui on a contracté mariage, la qualité de forçat libéré, c'est-à-dire d'homme privé de l'exercice de la plupart de ses droits civils et de tous ses droits politiques. (Cassation 11 février 1861. *Contra* cass. ch. réun. 24 avril 1862). (1).

(1) La Cour de cassation car la solennité de l'arrêt du 24 avril 1862 semble avoir voulu fixer d'une manière irrévocable l'interprétation des articles 146 et 180 Cod. Nap. — Appelée à réformer un arrêt de la Cour de Paris du 4 février 1860, elle avait décidé le 11 février 1861 en cassant cet arrêt que l'erreur, sur les qualités civiles et notamment sur l'état de forçat libéré, pouvait entraîner la nullité du mariage. — Appelée une seconde fois à se prononcer en chambres réunies sur un arrêt de la Cour d'Orléans du 6 juillet 1861 qui avait jugé comme la Cour de Paris, elle a désavoué sa première doctrine le 24 avril 1862 après trois délibérations en la chambre du conseil et dans les termes suivants. « Attendu que l'erreur dans la personne dont les art. 146 et 180 Cod. Nap. ont fait une cause de nullité de mariage ne s'entend *sous la nouvelle* comme *sous l'ancienne législation* que d'une erreur portant sur la personne elle-même ; attendu que si la nullité ainsi établie ne doit pas être restreinte au cas unique de l'erreur provenant d'une substitution frauduleuse de personne au moment de la célébration, si elle peut également recevoir son application quand l'erreur procède de ce que l'un des époux s'est fait agréer en se présentant comme membre d'une famille qui n'est pas la sienne et s'est attribué les conditions d'origine et la filiation qui appartenaient à un autre, le texte et l'esprit de l'article 180 écartent virtuellement de sa disposition les erreurs d'une autre nature et n'admettent la nullité que pour l'erreur qui porte sur l'identité de la personne, et par le résultat desquelles l'une des parties a épousé

Qu'on ne prenne pas d'ailleurs ces décisions comme absolues, nous ne les donnons qu'en droit et nous réservons entièrement les circonstances de fait qui pourront avoir dans la cause une influence décisive. Tout ce qu'elles établissent dans notre pensée, c'est la faculté pour les tribunaux de motiver en droit leurs jugements en nullité sur les différentes qualités que nous venons d'indiquer, et sans avoir à craindre la censure de la Cour de cassation. Mais nous laissons place à côté du principe à

une personne autre que celle à qui elle croyait s'unir; qu'ainsi la nullité pour erreur dans la personne reste sans extension possible aux simples erreurs sur des conditions ou des qualités de la personne, sur des flétrissures qu'elle aurait subies, et spécialement à l'erreur de l'époux qui a ignoré la condamnation à des peines afflictives ou infamantes antérieurement prononcées contre son conjoint et la privation des droits civils et civiques qui s'en est suivie; que la déchéance établie par l'art. 34 Code pén. ne constitue pas elle-même ni un empêchement au mariage ni une cause de nullité de l'union contractée; qu'elle ne touche non plus en rien à l'identité de la personne, qu'elle ne peut donc motiver une action en nullité pour erreur dans la personne; qu'en le jugeant ainsi et en rejetant la demande en nullité de son mariage formé par Zoé Herbin et motivée sur l'ignorance où elle avait été à l'époque du mariage, de la condamnation à 15 ans de travaux forcés qu'avait antérieurement subie Berthon son mari et de la privation des droits civils et civiques qui en avait été la suite, l'arrêt attaqué n'avait qu'une juste et saine application des art. 146 et 180 C. N. rejette.... »

Nous rapportons cet arrêt en entier parce qu'il résume dans ses différents considérants, presque toute la théorie que nous combattons. Il admet et sans prendre garde à la contradiction de Pothier, que l'erreur sur l'individualité civile peut seule avec l'erreur sur l'identité physique entraîner la nullité du mariage. Il ne préjuge en rien il est vrai la question des nullités absolues et des annulabilités, mais en adoptant la doctrine de l'ancienne un pouvoir d'appréciation qui nous est dicté par l'article 1110 lui-même, et que nous avons déclaré applicable au mariage : Les tribunaux auront à voir avant tout, si la croyance en ces qualités qui se trouvent faire défaut, a dû, en raison de l'honorabilité, du caractère, des habitudes de celui qui invoque l'erreur, avoir sur son consentement une influence décisive, et si en fait il n'aurait certainement pas donné ce consentement s'il avait connu la vérité des choses.

jurisprudence il semble ne faire aucune différence entre ces deux espèces d'erreur.

Il fait également une distinction que nous ne saurions admettre entre l'individualité civile au point de vue de la famille et celle qui peut être caractérisée par l'application de l'art. 34 du Code pénal, en refusant au juge le pouvoir d'examiner dans ce dernier cas comme dans le premier, si l'erreur a été la cause déterminante du consentement.

Du reste les circonstances de fait particulières à la cause, la situation exceptionnelle du mari, condamné à l'âge de 17 presque sans être coupable, gracié peu de temps après son entrée au bagne, réhabilité sinon en droit au moins en fait et connu depuis longtemps par la famille de sa femme, nous paraissent avoir été la cause des deux arrêts de Paris et d'Orléans confirmés en dernier lieu par la Cour de cassation, bien plus que l'argumentation juridique. Nous n'aurions pas nous-même donné une autre décision que ces deux Cours impériales, mais ce que nous n'aurions pas fait et que nous croyons devoir leur reprocher c'est d'avoir motivé en droit un arrêt qui aurait dû s'appuyer uniquement sur le point de fait, et d'avoir placé la Cour de cassation comme le faisait très-bien sentir M. le Procureur Général Dupin dans son admirable réquisitoire, dans l'alternative ou d'annuler un mariage que les circonstances de fait devaient conserver valable, ou de justifier à son tour en droit, le maintien d'une situation qu'elle ne voulait pas briser en présence de la résistance de ces deux Cours impériales.

Voilà quelle est selon nous toute la portée de cet arrêt ; il

La question de droit et la question de fait doivent donc rester complétement séparées dans une discussion de nullité de mariage pour erreur sur la personne. En droit, les articles 180 et 181 Cod. Nap., par leur rédaction, par la nécessité de leur trouver des applications en dehors de l'article 146 qui suffit à lui seul pour l'erreur sur l'identité, et enfin d'après la notion philosophique qui domine toute question d'erreur, prononcent la nullité du mariage pour erreur dans la personne autre que l'erreur sur l'identité physique, c'est-à-dire pour erreur sur l'individualité civile et les qualités constitutives de la personnalité. En fait, ces mêmes articles doivent être interprétés par le deuxième alinéa de l'article 1110, c'est-à-dire en tenant compte de l'influence effective que l'erreur a dû avoir sur le consentement donné au mariage,

repose presqu'entièrement sur la nature particulière des circonstances de la cause et nous avons le ferme espoir que dans l'avenir la Cour de cassation reviendra à sa première décision et dira comme le 11 février 1861 : « Attendu que s'il résulte de la combinaison des art. 146 et 180 C. N.... cette erreur doit s'entendre *non seulement* de l'erreur *dans la personne physique* mais encore *dans la personne civile*.... Attendu que lorsqu'une condamnation à une peine afflictive et infamante a *diminué la personne civile du condamné* et l'a privé d'une partie notable de ses droits civils et civiques par application des art 28 et 34 Cod. pén. *Il est du droit et du devoir des tribunaux d'examiner* à quel point l'erreur a porté *sur des conditions substantielles constitutives de la personne civile et a pu opérer une erreur dans la personne* et par suite vicier le consentement de l'époux trompé. Attendu que la Cour de Paris..., etc. »

et en examinant si les qualités qui se trouvent faire défaut chez un conjoint, ont eu sur la volonté de l'autre un effet déterminant. Cette appréciation de fait place à côté de la solution purement légale un tempérament nécessaire, et dont la sagesse des tribunaux doit se servir pour déjouer la mauvaise foi et tempérer par l'équité ce que l'abstraction légale aurait de trop sévère et de trop rigoureux.

Deux espèces particulières on soulevé des difficultés plus spécieuses ; nous allons les parcourir rapidement avant de parler des qualités physiques qu'il nous reste à étudier.

On a voulu, et notamment M. Marcadé (sur l'art. 180), donner ouverture à une action en nullité pour erreur sur la personne, au cas de refus de la part du mari par exemple de procéder à la célébration du mariage religieux.

Nous n'hésitons pas à repousser ce système, et nous pensons que ce refus, alors même que la jeune femme aurait résisté dès le début à toute cohabitation avant la célébration religieuse, ne pourrait constituer qu'une injure grave et susceptible d'entraîner la séparation de corps.

En effet, de deux choses l'une : ou la célébration religieuse a été l'objet d'une convention spéciale antérieure au mariage civil, et alors elle n'a aucun effet sur son existence légale puisqu'on ne peut pas se marier sous condition ; ou bien il n'a rien été convenu sur ce point, et alors nous ne pensons pas que les croyances religieuses puissent constituer chez l'un des époux une qualité fondamentale et déterminante du consentement de l'autre au mariage.

Le mariage religieux est un fait postérieur et étranger au mariage lui-même, et la loi ne lui reconnaît aucun caractère légal. Il n'a aucune influence sur le lien qui unit les époux, et il nous est impossible d'admettre que l'absence d'une pure complaisance de la part du mari, car c'est à cela que se réduirait pour lui la célébration religieuse, puisse constituer une erreur sur la personne susceptible d'entraîner un fait aussi grave qu'une nullité du mariage.

On dispute aussi sur la nullité qui pourrait résulter d'une erreur commise par la femme sur l'existence de vœux perpétuels faits par son mari, sur sa qualité de prêtre. Cette question nous a paru plus sérieuse que la précédente et nous avouons qu'elle nous laisse encore fort indécis.

L'ancien droit annulait ce mariage, Pothier nous en donne la preuve dans son n° 108. Nous repoussons il est vrai son autorité sur notre législation actuelle en matière de mariage, d'autant plus que sur notre question en particulier, la décision de l'ancien droit reposait sur ce que le catholicisme étant la religion d'état avait force de loi dans toutes ses prescriptions et dans celle qui interdit par exemple le mariage des prêtres ; cependant nous inclinons à penser que la qualité de prêtre, indépendamment des circonstances de fait que nous réservons toujours, peut donner ouverture à une action en nullité du mariage quand elle a été ignorée de la femme.

La qualité la plus importante dans le mariage est incontestablement l'aptitude au titre d'époux et aux devoirs de famille. Or le culte catholique reconnu en France, refusant au prêtre cette aptitude morale, en fait pour une femme religieuse un des éléments principaux de son consentement au mariage.

Pour une personne qui n'attache pas d'importance aux prescriptions du culte catholique, le prêtre (1) est comme tout autre susceptible physiquement et moralement d'accomplir les devoirs du mariage, mais on conçoit très-bien qu'une conscience catholique lui en refuse moralement la faculté et puisse se prévaloir de ce qui est pour elle une impossibilité véritable de cohabitation, alors que l'erreur où elle s'est trouvée sur ce point essentiel dans le mariage a évidemment déterminé son consentement.

Nous n'admettons d'ailleurs cette nullité qu'avec une extrême réserve. Les tribunaux auront à examiner avec la plus scrupuleuse attention, si les sentiments religieux de la femme qui attaque son

(1) Trib. d'Agen, 6 juillet 1860. Colmar 6 déc. 1811.

mariage sont assez forts pour qu'elle puisse se prévaloir d'une telle erreur, et si en fait, même dans
le délai légal de six mois, elle n'a pas accepté la
cohabitation depuis la découverte de son erreur.

Nous portons peut-être en résolvant ainsi cette
difficulté, une atteinte véritable au principe de la
séparation de la religion et de la loi civile et nous
tenons peut-être trop de compte d'une impossibilité religieuse de cohabitation qui n'a aucun fon—
dement légal ; nous croyons cependant devoir malgré ces graves considérations qui s'élèvent contre
nous, sinon nous prononcer définitivement, au
moins incliner profondément dans le sens que nous
avons indiqué d'abord (1).

Nous sommes restés jusqu'à présent dans un
ordre d'idées en quelque sorte métaphysique et
nous avons étudié l'union des personnes dans ses
caractères élevés et dans les conditions morales de
sa validité. Il nous reste pour compléter notre étude
sur l'erreur au point de vue du mariage, à l'examiner sous une face non moins importante que la
précédente, plus importante même d'après certains

<hr>

(1) Nous n'hésitons pas d'ailleurs à accorder au prêtre la faculté légale de se marier, et à valider l'union qu'il aurait contractée au mépris de ses vœux. En dehors de ce qui touche à
l'erreur, il est au point de vue du mariage dans les termes du
droit commun des citoyens, et nous ne croyons pas qu'un officier de l'état civil puisse sous quelque prétexte que ce soit, se
refuser à une célébration qui nous paraît entièrement légale.

esprits et à son point de vue particulier, mais à coup sûr moins agréable et moins intéressante, nous voulons parler de l'erreur sur les qualités physiques, les qualités matérielles qui doivent répondre aux nécessités de la vie conjugale et de famille.

La société du mariage a ses exigences et ses devoirs naturels comme ses devoirs moraux. Ceux-ci sont écrits au chap. VI du titre V du mariage ; les autres résultent trop directement de la nature humaine et de l'idée même du mariage, pour n'en pas être des éléments essentiels même en l'absence de toute disposition spéciale. Aussi la conclusion purement philosophique à tirer de cette idée, serait que toute impuissance naturelle ou accidentelle, apparente ou cachée, doit donner ouverture à une action en nullité, si elle a été l'objet d'une erreur de la part de l'un des époux sur l'autre et une erreur déterminante. C'est ce qu'avait decidé notre ancien droit ; franchissant les barrières les plus respectables de la décence publique, méconnaissant pour la satisfaction d'une conséquence de son principe les idées les plus nécessaires de moralité sociale, il avait créé de ces procédures inqualifiables qui abaissent les législations qui les produisent, et ouvert ainsi la porte à des scandales publics que les ouvrages juridiques du temps, même les plus sérieux, nous retracent avec une étonnante bonne foi.

L'opinion publique s'était déjà prononcée, quand la législation intermédiaire et après elle notre Code Napoléon dans son esprit comme dans la pensée des travaux préparatoires, a voulu fermer la porte à tous ces abus en donnant d'ailleurs aux époux le moyen du divorce par consentement mutuel pour se séparer, si une cause d'impuissance venait à les déterminer à rendre la liberté à celui des deux pour qui la vie conjugale n'était par un vain mot.

Exagérant cette pensée et la poussant jusqu'à sa dernière limite, certains auteurs et avec eux des arrêts de Riom et de Besançon (7 mars 1811 et 28 août 1840), ont décidé que l'erreur sur la personne physique autre que l'erreur sur l'identité, ne pourrait jamais aux termes de l'article 180 du Code Napoléon donner ouverture à une action en nullité de mariage. Ils voient dans le silence de la loi et la condamnation de l'ancien droit et la volonté formelle d'exclure le retour des exagérations qu'il avait produites. Ils voient aussi dans le divorce remplacé aujourd'hui par la séparation de corps, le moyen donné aux époux dans la pensée du législateur de rompre une vie commune qui n'a pas de raison d'être.

Cette opinion si nettement exclusive a soulevé même parmi ses premiers partisans tant d'objections si graves tirées de la moralité publique intéressée elle-même à voir cesser la honte de ces mariages contre nature, que quelques personnes ont cherché dans l'article 312 la base d'une distinction qui n'a à notre avis aucune justification légale, à cause de la différence radicale qui sépare l'hypothèse de cet article de celle que nous étudions.

L'article 312 en effet, autorise le désaveu de la part du mari lorsque dans un certain intervalle que la loi indique, celui-ci peut établir que par suite de quelque accident, il a été dans l'impossibilité physique de cohabiter avec sa femme. Par conséquent, a-t-on ajouté, la loi veut exclure la preuve de l'impuissance naturelle, qui remontant à l'époque de la naissance et faisant partie de la constitution même de l'individu, donnerait lieu à ces débats scandaleux de l'ancien droit, et que n'entraîne pas au contraire la preuve de l'impuissance accidentelle. Celle-ci en effet résultant d'un événement imprévu, d'une mutilation criminelle ou fortuite, se révèlera toujours par des signes extérieurs évidents et faciles à reconnaître. On peut donc conclure par analogie, que dans les cas d'erreur, c'est l'impuissance accidentelle seule qui doit donner ouverture à l'action en nullité, et on arrive à concilier en même temps les exigences du mariage et celle de la décence publique.

Nous rejetons, quant à nous, l'un et l'autre sys-

tème, et c'est encore dans une philosophie juridique bien entendue et en dehors de toute influence historique, que nous prenons la solution
que nous nous proposons.

Il nous paraît tout d'abord impossible que nos
rédacteurs aient voulu repousser d'une manière
absolue cette cause de nullité de mariage, et valider
en principe une union qui n'en est pas une et qui
dans tous les cas choque si ouvertement l'humanité
dans ses sentiments les plus louables. Comment !
Un jeune homme, après quinze années de labeurs
pour arriver à se créer une position dans le monde
de l'intelligence et du travail, songe à constituer
une famille et épouse une jeune personne dans les
conditions ordinaires de tous les mariages ; il a le
malheur de s'adresser à une famille assez vile pour
le tromper et lui donner une femme qui n'en est
pas une ; reconnaissant son erreur dès les premiers
jours du mariage, il s'adresse à la justice pour briser un lien qui doit nécessairement faire le malheur de sa vie, et sous le prétexte que l'idée la plus
juste, la plus vraie, a été mal comprise de notre
ancien droit, qu'elle a donné lieu à des abus, nous
repousserons sa demande et nous prêterons à notre
législateur une volonté aussi rigoureuse et aussi
inconséquente !

Encore une fois il nous est impossible de voir
dans l'article 180 un prétendu silence qui dirait

tant de choses et de si graves, et nous déclarons
que l'impuissance dans des limites qu'il nous reste
à déterminer, peut entraîner quand elle a été l'objet
d'une erreur, la nullité du mariage.

Devons-nous maintenant aller chercher dans
l'article 312 une distinction entre l'impuissance
naturelle ou accidentelle? Pas davantage. D'abord
parce qu'en elles-mêmes, au point de vue de leurs
conséquences, ces deux causes d'impuissance
aboutissent absolument au même résultat. Nous
pouvons ajouter qu'au moins dans l'hypothèse que
nous venons d'indiquer, cette distinction n'aurait
pas grandes chances d'application, et serait tout au
plus favorable à l'erreur de la femme. Et d'ailleurs
à quoi bon pénétrer dans la vie intime des individus pour rechercher les causes d'un fait dont
l'existence même entraîne seule les conséquences
que nous étudions ?

La raison juridique d'écarter l'analogie de l'article 312 résulte d'après nous la nature même
du sujet qu'il traite et de l'action qu'il orga-
nise. Si en examinant le point de savoir dans
quelles limites un mari pourra invoquer son impuissance pour écarter une présomption de pater-
nité qui ne se justifie pas, l'article 312 ne parle que
d'impuissance accidentelle, c'est qu'il se réfère
surtout à une impuissance survenue depuis le mariage et que rien ne peut pas en altérer la vali-

dité. Il n'avait donc pas à s'occuper de l'impuissance naturelle qui est toujours nécessairement
antérieure à la célébration, et eut-il voulu réglementer aussi l'impuissance accidentelle antérieure
au mariage, on comprend très-bien dans un cas
comme dans l'autre qu'il en refuse la preuve ; car
si un individu a manqué assez de dignité pour
tromper une femme et l'épouser en sachant très-
bien quel mari il était susceptible de faire, la loi ne
pouvait pas lui permettre de pousser la turpitude
jusqu'à étaler lui-même sa honte pour en tirer la
flétrissure de celle qu'il a trompée. Ces deux hypothèses n'ont donc rien de commun entre elles, et
nous écartons aussi bien la distinction que le principe d'où elle est sortie.

Les différents caractères de l'impuissance nous
donnent eux-mêmes la limite à laquelle devront
s'arrêter les demandes en nullité de mariage pour
erreur sur la personne physique. Nous ne demandons pas en effet que le juge pour prononcer la
nullité du mariage, soit obligé d'aller rechercher
dans la nature intime de l'individu les différents
indices plus ou moins cachés, plus ou moins sûrs
qui caractérisent l'impuissance ; nous ne réclamons rien des errements de notre ancienne jurisprudence, nous les avons flétris au contraire de
toutes nos forces, et avec d'autant plus d'achar-
nement qu'ils sont d'après nous la cause des diffi-

cultés qui s'élèvent aujourd'hui et qu'ils ont amené la négation du principe lui-même de la nullité qui nous paraît cependant si incontestable; nous voulons une impuissance non-seulement de procréation, mais de cohabitation, nous exigeons une difformité naturelle ou accidentelle telle qu'elle rende évidemment impossible la réunion des individus et constitue un véritable célibat dans le mariage. Repoussant ces recherches et ces expertises immorales qui exigeaient des connaissances médicales profondes, qui nécessitaient des examens, des expériences d'une telle nature, nous voulons un vice de constitution évident et sensible pour tous, un défaut de conformation tel qu'au bout d'un certain temps il ne soit pas possible à l'autre époux d'en méconnaître l'existence.

Voilà ce qu'a décidé la loi en supprimant toute la théorie de notre ancien droit et en y substituant le deuxième alinéa de l'article 180. Dire simplement et en quelques mots que le mariage pourrait être attaqué en cas d'erreur dans la personne, c'était réagir contre la procédure coutumière et exclure des nullités de mariage l'impuissance dont la cause nécessiterait un examen à la fois médical et juridique jusque dans les détails de la constitution humaine, c'était réduire dans des limites raisonnables cette espèce de précarité du lien conjugal et ranger dans les catégories des bonnes et des mauvaises chances, des qualités accessoires, une foule de particularités dont l'ancien droit faisait des nullités ; mais c'était réserver aussi la preuve des imperfections se rapprochant de l'identité des sexes ou autres difformités de la même importance, c'était accorder aux tribunaux investis dans toute cette matière d'un pouvoir d'appréciation considérable, le droit de recevoir des demandes en nullité de mariage en les fondant sur l'impuissance.

Nons ne répéterons pas l'argument de rédaction que nous avons déjà tiré de la substitution de ces mots erreur *dans la personne* à ceux d'erreur sur *l'individu.* Une thèse comme celle que nous avançons ne doit pas se retrancher derrière des disputes de mots d'aussi mince importance ; elle s'affirme par l'énergie des principes sur lesquels elle s'appuie, et en laissant aux nécessités sociales et à la moralité publique la juste part qu'elle leur doit. Puisée dans un sentiment de justice si vrai et si incontestable et que développe encore la nature et la perpétuité du contrat dont il s'agit, elle n'a pas besoin d'autre justification que la protection même des idées philosophiques qu'elle met en jeu, et qui doivent reléguer au dernier plan la discussion des textes, d'ailleurs toute en sa faveur (1).

(1) V. en ce sens M. Valette, sur Proudh. T. I page 392.

CHAPITRE IV

DE L'ERREUR DE DROIT

I. *Nemini jus ignorare licet.* — De tous les temps et dans toutes les civilisations, on a posé comme un axiome nécessaire en législation cette règle du droit romain, *que tout le monde est censé connaître la loi.* La première condition en effet que doit remplir une loi pour être efficace, c'est d'atteindre nécessairement son but et sans s'arrêter devant une fin de non recevoir comme l'ignorance où on prétendrait avoir été de son existence.

Notre Code Napoléon l'a ainsi compris quand il a décidé dans son article premier, que les lois seront exécutoires dans tout le territoire français en vertu de la promulgation qui en est faite par le chef de l'état, et que cette promulgation est réputée comme dans un délai qui varie d'après la distance entre le lieu de la promulgation et celui de l'exécution. Ainsi donc, c'est l'expiration d'un délai qui constitue la publication légale des dispositions législatives en créant une présomption absolument invincible, et c'est aux citoyens prévenus déjà par la publicité des débats préparatoires, à s'enquérir du texte de la loi et à prendre connaissance eux-mêmes de ses dispositions qui leur deviennent applicables sans autre notification.

Mais est-ce bien ici le lieu de rappeler nos principes constitutionnels et de chercher dans les rapports conventionnels que nous étudions au point de vue de l'erreur qui s'est glissée entre deux volontés dépendantes l'une de l'autre, l'application d'une règle toute d'ordre public et prescrite bien plutôt pour la loi criminelle que pour la loi civile? Beaucoup d'auteurs l'ont pensé, et d'excellents esprits acceptant encore cet axiome juridique dans toute l'étendue dont il est susceptible, excluent d'une manière absolue et sauf les dérogations spécialement prévues par les textes, la preuve de l'erreur dans les contrats quand elle constitue une erreur de droit. *Neminijus ignorare licet*, personne n'a le droit d'ignorer la loi; et si dans un rapport juridique quelconque, dans une situation légale quelle qu'elle soit, une volonté ou un fait a été le résultat d'une erreur de droit il ne peut être tenu aucun compte de cette influence étrangère, de cette imperfection dans le consentement exprimé, et la faute qu'il a commise en méconnaissant les prescriptions de la loi laisse celui qui s'est trompé, en dehors de tout secours et de toute protection. Il n'est du reste mention nulle part dans notre Code civil de l'erreur de droit ; l'erreur sur la personne et l'erreur sur l'objet sans autre explication ne peuvent s'entendre que d'une erreur de fait, et il eut fallu des textes positifs et précis pour déroger en matière de conventions, à un principe qui est incontesté et incontestable dans la législation criminelle.

La jurisprudence ne s'est pas rendue à ce raisonnement et elle a constamment décidé (1) que l'erreur de droit quand elle est légitime, quand elle n'attaque aucun principe d'ordre public, mérite aux yeux de la loi autant de faveur que l'erreur de fait. Nous la croyons, quant à nous, complétement dans le vrai, et nous pensons comme elle, que ces deux espèces d'erreur doivent recevoir sans distinction l'application des théories générales que nous avons expliquées jusqu'à présent. La seule différence qui nous paraisse devoir être signalée dès le début, consiste dans un point de fait relatif à la preuve de l'erreur : c'est-à-dire que les juges auront peut-être à se montrer plus sévères dans l'examen des faits qui constituent l'erreur de droit, et à présumer moins facilement l'ignorance de la loi que les autres circonstances invoquées à titre d'excuse.

(1) Metz 28, nov. 1817. Toulouse 19 janvier 1824. Limoges 8 déc. 1837. cass. 12 mars 1845.

Prenons l'idée elle-même de la nullité résultant de l'erreur, et demandons-nous sur quoi elle est fondée ? Pourquoi, quand je me suis trompé sur la personne avec qui je traitais, sur la chose qui faisait l'objet de notre convention, sur la cause de mon obligation, la loi me relève-t-elle des conséquences de mon consentement? C'est parce qu'avant tout une volonté ne doit avoir d'effet juridique, qu'autant qu'elle est complète et libre de toute influence extérieure qui la modifie, et lui donne une portée autre que celle qui résulte de la pensée qui la dicte; c'est qu'il y aurait injustice à accorder à l'une des parties un bénéfice qui résulterait uniquement de l'erreur de l'autre, et que l'erreur ne saurait jamais être ni une source d'acquisition, ni la cause d'une perte.

Or, il nous est impossible de voir à ce point de vue aucune différence entre l'erreur de fait et l'erreur de droit. L'erreur est-elle constante, est-il établi qu'elle a eu une influence décisive sur le consentement de la partie qui s'en plaint, cela doit nous suffire et nous ne pouvons pas au point de vue de la raison philosophique de la nullité, chercher dans les subtilités juridiques un motif de distinguer. C'est ainsi du reste que les Romains l'avaient compris; les lois 7 et 8 au Digeste *de juris et facti ignorantia* (liv. XXII, tit. VI), l'expriment comme nous l'avons vu, d'une manièrequi ne peut laisser aucun doute : « *Juris ignorantia non prodest acquirere volentibus suum vero petentibus non nocet. Omnibus juris error in damnis amittendæ rei suæ non nocet*».

Une autre raison de décider peut se puiser aussi dans la nature même de la nullité qu'engendre le plus souvent l'erreur de droit. Prenons un exemple: Un de mes cousins germains vient à mourir ne laissant pour tout parent dans la ligne paternelle que moi et un de mes neveux qui se trouvait être par rapport celui au cinquième degré ; persuadé que la représentation est admise en succession collatérale à tous les degrés, je fais un acte de partage de cette succession avec mon neveu et je lui remets la moitié des biens que j'ai recueillis.

Nous avons là, sans aucun doute, une erreur de droit, et une erreur déterminante, car les donations ne se présument pas; et il faut ajouter que nous avons aussi une nullité absolue fondée sur le défaut de cause dans le partage. L'erreur où je me suis trouvé a eu en effet pour résultat de me faire croire à une indivision qui n'existait pas, et c'est dans le but de faire cesser cette indivision que j'ai conclu un acte de partage dont la cause a été l'acquisition d'un droit de propriété définitif sur les objets tombés dans mon lot, comme nous avons déjà eu l'occasion de l'expliquer. Puisque ce droit de propriété m'avait toujours appartenu et qu'une donation de la moitié indivise de la succession ne peut pas être présumée, c'est la cause du partage qui se trouve faire défaut et par là - même, entraîner une nullité complète.

Or, quoique le défaut de cause joue le premier rôle dans la nullié, ce n'en est pas moins une erreur de droit qui l'a produite même dans le système de nos adversaires, et nous ne comprenons pas qu'on veuille diviser l'influence de l'erreur suivant le degré de la nullité qu'elle peut entraîner. Si nous l'acceptons quand elle a une influence absolue, acceptons la aussi quand elle peut en avoir une relative, car c'est toujours le même vice deconsentement a un degré plus ou moins essentiel.

Qu'il en soit autrement en matière criminelle et dans les dispositions pénales, qu'on écarte aussi l'influence de l'erreur toutes les fois qu'elle porte sur un principe d'ordre public, nous n'y trouvons aucun obstacle et nous sommes les premiers à faire cette distinction qui résulte de la nature même des choses. Nous admettons sans difficulté qu'un individu ne puisse pas venir prétendre en justice qu'il a ignoré les dispositions sur la prescription, sur l'autorité de la chose jugée, pour demander l'anéantissement des conséquences directes qu'elles ont entraîné pour lui, pas plus qu'il ne pourrait opposer au ministère public une fin de non-recevoir résultant de son ignorance de la loi pénale. Mais il nous paraît impossible, dans les rapports purement privés, dans une question de consentement et en dehors de toute prescription d'ordre public, d'écarter l'erreur de droit du nombre des vices de consentement et de la séparer de l'erreur de fait. C'est ainsi que nous annulerions la vente faite à un possesseur de trente ans, dans l'ignorance où il se serait trouvé des dispositions sur la prescription qui lui avaient transporté la propriété, tandis que nous ne permettrions pas au véritable propriétaire de se prévaloir de son erreur sur la prescription, pour se faire relever de la perte de la propriété qui est résultée de son défaut d'interruption dans les actes de jouissance du possesseur.

Au reste, le silence du Code et la généralité de ses termes quand il parle d'erreur, nous imposent encore cette solution même au point de vue des textes ; car en repoussant l'influence de l'erreur de droit dans certains cas déterminés, dans la transaction par exemple, et s'en expliquant formellement, il nous démontre par cela même que la règle générale, le principe dominant est son admissibilité.

Nous laisserons donc à l'axiome romain son application aux dispositions pénales et aux lois d'ordre public dans la législation civile, mais nous ferons tomber l'erreur de droit dans les conven-

tions, sous la théorie générale des art. 1109 etc.
Confondue dans ses résultats avec l'erreur de fait,
elle doit la suivre dans toutes celles de ses subdivisions qui peuvent lui être applicables et produire
comme elle des nullités absolues et des nullités
relatives, des nullités résultant de l'erreur sur la
substance des choses comme sur la personne et
notamment sur la capacité ; il nous suffit pour ces
différentes conséquences de renvoyer aux développements que nous avons donnés dans nos deux
précédents chapitres.

II. *De l'erreur de droit dans la transaction.* —
Parmi les exceptions dont nous parlions, c'est-à-
dire parmi les contrats qui ne sont pas rescindables
pour erreur de droit, nous rencontrons la transaction qui a donné lieu à une difficulté extrêmement
sérieuse, difficulté qui se rattache à celle que nous
avons déjà étudiée quand nous avons voulu déterminer la base et le caractère de la nullité prononcée par les articles 2055 et 2056 Cod. Nap.

L'article 2052 dans son deuxième alinéa, décide
que la transaction n'est pas rescindable pour cause
d'erreur de droit ; cette exception s'explique d'elle-
même. Quand deux individus pour un motif que
nous n'avons pas à rechercher, terminent par une
transaction une difficulté qui les met depuis longtemps en désaccord, sur laquelle ils ont peut-être

plaidé, la loi suppose qu'ils connaissent assez leur affaire commune et qu'ils ont suffisamment réfléchi pour contracter en connaissance de cause. En un mot, la transaction ayant pour but de mettre court à toutes les difficultés, n'en doit pas faire naître d'autres de sa nature même, et il est essentiel quand on transige, qu'on soit présumé savoir à quoi on s'oblige exactement au point de vue légal.

Mais la loi dans l'article 2054 ajoute après avoir énuméré certaines causes de nullité qu'elle entend maintenir : « Il y a également lieu à l'action en rescision contre une transaction, lorsqu'elle a été faite en exécution *d'un titre nul*, à moins que les parties n'aient *expressément* traité sur la nullité. »

Qu'est-ce à dire ? la transaction n'est pas rescindable pour erreur de droit, mais si l'une des parties a transigé sans prendre garde à la nullité du titre invoqué par son adversaire, elle pourra revenir sur son consentement et anéantir la transaction ?

Merlin l'a soutenu, et acceptant toutes les conséquences de son système il a voulu voir dans l'article 2054 et dans les limites de son application, une dérogation à l'article 2052. Point de distinction d'après lui entre l'erreur de droit et l'erreur de fait quand elle porte sur la nullité du titre ; si les parties n'ont pas traité spécialement sur la nullité, cette question est réputée n'avoir pas été présente à leur pensée : « une transaction ne peut jamais s'étendre à des objets sur lesquels ne portaient pas les différents que les parties ont voulu terminer..... (répertoire, trans., par. v, n° 4) »

La question se trouverait donc ramenée par ce raisonnement aux articles 2048 et 2049 dont l'article 2054 ne serait qu'un développement et un corollaire. Mais ce système a été bientôt presqu'universellement abandonné, et on a compris de bonne heure qu'il était impossible d'admettre une interprétation qui détruirait entièrement la portée de l'article 2052, dont décision la est si importante et en même temps si nettement formulée.

En raisonnant comme Merlin, nous arriverions en effet à dire qu'une personne qui a commis dans une transaction une erreur de droit quelconque, n'a jamais eu l'intention de transiger sur la difficulté que son erreur l'empêchait d'apercevoir, et il ne resterait absolument rien de notre disposition, qu'une contradiction dans la loi et la suppression complète d'une règle excellente.

A l'inverse et toujours en suivant l'idée de Merlin, si nous décidions que c'est le défaut d'intention de transiger sur la nullité qui fait le fondement de l'article 2054, nous devrions dire également que lorsque cette nullité était certainement connue des parties, mais sans qu'elle ait fait l'objet particulier de la transaction, les juges ne pourraient pas en prononcer la rescision. Il est certain, en effet, que la transaction sur un titre qu'on sait être nul implique un commencement d'exécution de ce titre qui constitue d'après l'article 1338, une renonciation à l'attaquer. Or, nous tomberions en contradiction avec l'article 2054 lui-même qui exige pour que la transaction demeure valable, qu'il ait été expressément traité sur la nullité.

Il nous reste à donner maintenant la véritable portée de l'article 2054 et à restreindre sa décision de manière à sauvegarder l'application de l'article 2052.

On est facilement tombé d'accord sur le sens à donner au mot titre. La loi, de l'avis de tout le monde, n'a pas voulu seulemeut parler du titre en tant qu'écrit, que preuve des obligations qu'il rapporte; c'est un sens tout spécial et qui n'a pas grande utilité légale. Il faut l'entendre encore dans le sens de lien juridique, de fait générateur d'obligations exprimé lui-même par un écrit avec lequel il se confond quelquefois, mais dont il se sépare le plus souvent pour conserver à lui seul l'expression de la nécessité légale résultant du contrat.

Le point de départ des deux explications qui ont été données, est que l'article 2054 ne contient aucune dérogation à l'article 2052 et que son explication doit être prise en dehors des termes de celui-ci.

La jurisprudence fixée par plusieurs arrêts de

la chambre des requêtes (notamment 28 décembre 1829 et 14 novembre 1838), décide que l'article 2054 doit recevoir application quand la nullité du titre aura été l'objet d'une erreur de fait et non d'une erreur de droit. Ainsi un héritier transige sur un testament olographe qu'il n'a jamais eu entre les mains, et ce testament n'est pas signé : il y a nullité d'un titre, transaction sur ce titre, erreur sur la nullité, et l'action en rescition sera certainement ouverte à l'héritier parce qu'il a commis une erreur de fait. Cette action lui serait au contraire refusée s'il avait eu le titre entre ses mains de manière à pouvoir se rendre compte de la nullité, et s'il venait prétendre dans ces circonstances qu'il ignorait que le défaut de signature fût une cause de nullité dans les testaments.

Tel est en quelques mots le système suivi par la jurisprudence et adopté par la plupart des auteurs. Malgré sa simplicité et l'harmonie qu'il rétablit entre les articles 2052 et 2054, nous ne croyons pas qu'il rende exactement la pensée de cette dernière disposition.

Nous avons dit que le titre devait être entendu dans le sens du lien juridique lui-même, du fait générateur d'obligation. L'interprétation que nous venons de donner est pleinement satisfaisante quand le titre se confond avec l'écrit qui le constate et qui le crée, mais elle exclut entièrement de l'article 2054 toute une classe de titres dont la nullité constitue purement et simplement pour la transaction une fausse cause, c'est-à-dire le titre qui s'appelle la qualité juridique, et qui est nécessaire non-seulement pour la validité de la transaction mais encore pour sa formation même.

Ainsi je transige avec un de mes neveux sur la succession de mon cousin germain à laquelle il n'a en réalité aucun droit. Essayons d'appliquer à cette hypothèse l'explication de la jurisprudence. Elle distinguera suivant que par exemple mon erreur aura porté sur le degré de parenté de mon neveu, que j'aurai transigé parce que je le croyais aussi cousin germain du *de cujus*, ou bien au contraire que je me serai trompé sur les dispositions de la loi qui excluent la représentation en succession collatérale autre que celle des frères et sœurs. Dans le premier cas elle décidera avec l'article 2054 que la transaction est rescindable parce que l'erreur ne porte que sur un fait ; dans le second elle renverra à l'article 2052 et maintiendra la transaction parce que l'erreur de droit ne peut pas être invoquée.

Or, les principes mêmes de l'erreur sur la cause condamnent entièrement cette distinction. La cause de la transaction comme nous l'avons déjà dit, étant la cessation de l'indivision, l'acquisition d'un droit de propriété définitif, peu importe que ce soit en fait ou en droit que les parties aient considéré l'existence de cette cause ; le fait seul de son absence entraîne la nullité du contrat de transaction et nous sommes obligés de repousser toute distinction entre l'erreur de droit et l'erreur de fait. Voilà donc une hypothèse qui rentre dans les termes de l'article 2054 et qui lui donne une toute autre portée que celle qui est envisagée par la jurisprudence.

Reprenons au contraire l'exemple du titre en tant que preuve du droit qu'il représente, preuve nécessaire si l'on veut et inséparable du droit lui-même comme le testament dont nous avons déjà parlé.

Nous supposons qu'il n'est pas signé et qu'une erreur sur ce défaut de signature, erreur soit de fait soit de droit a existé chez l'héritier légitime à qui on l'oppose. Nous ne pensons pas que la nullité d'un testament pour vice de forme constitue une fausse cause dans la transaction intervenue pour son exécution.

On serait il est vrai tenté au premier abord de confondre cette hypothèse avec la précédente et de dire que le testament étant nul, le légataire n'a aucun titre, aucune qualité juridique, et que la transaction consentie dans ces termes n'a pas plus de consistance que celle dont nous avons déjà parlé. Il n'en est pas ainsi cependant, car la cause de transmission par testament n'est pas l'ensemble des formalités qui le composent, mais bien la volonté du testateur exprimée dans une forme quelconque, et la nullité de l'écrit n'empêche pas la volonté d'exister. Si la loi permet à l'héritier de méconnaître cette volonté quand elle n'est pas manifestée dans la forme voulue, c'est à titre de faveur personnelle accordée à l'héritier et à ses ayants-cause, mais non aux tiers détenteurs ou à tous autres étrangers, qui pourraient au contraire méconnaître le titre d'héritier que prendrait un neveu en concours avec son oncle dans la succession d'un cousin germain de celui-ci, et nonobstant tout contrat, toute transaction intervenue entre eux si elle n'est pas revêtue des formes de la donation.

Nous n'avons donc pas dans la seconde hypothèse comme dans la première une erreur sur la cause, puisque l'existence du testament c'est-à-dire de la volonté du testateur n'est pas attaquée, mais seulement une erreur sur une des formes, une des conditions essentielles imposées à la manifestation de cette volonté, ou en d'autres termes sur la substance de la qualité de légataire qui a été l'objet de la transaction.

La cause de la transaction est en effet la cessation de la difficulté sur la transmission des biens par la volonté du *de cujus* ; l'objet de la transaction pour l'héritier légitime est la qualité de légataire invoquée par celui qui présente le testament et la validité du testament devient la substance de cet objet de tel sorte, que si le testament se trouve nul pour vice de forme, la transaction est attaquée non pas dans sa cause ou dans son objet, mais dans la substance de cet objet (1).

Si nous revenons maintenant avec notre hypothèse d'erreur sur la substance à l'article 2054 que la jurisprudence a voulu exclusivement lui appliquer, nous voyons que précisément cet article est tout à fait inutile et que les articles 2052 et 2053 ont eux-mêmes prévu l'hypothèse. En effet, l'erreur dont il s'agit portera-t-elle sur une question de droit et l'héritier prétend-il avoir ignoré que le défaut de signature annulait le testament ? Nous appliquerons l'article 2052 et nous lui refuserons l'action en rescision. Prétend-il au contraire n'avoir pas vu le testament et avoir traité sur ce titre nul parce qu'il n'avait pas pu prendre connaissance des vices de forme dont il était affecté ? Nous n'avons pas besoin de l'article 2054, et l'article 2053 dans son premier alinéa nous suffit

---

(1) Nous avons pris cet exemple parce que c'est celui qu'on rencontre le plus souvent chez les partisans de la première explication. Il est facile d'en trouver un grand nombre qui ne donnent pas lieu en eux-mêmes, à une explication aussi minutieuse, la donation, la vente, le prêt. etc.

amplement. Une transaction peut être rescindée, dit-il, quand il y a erreur dans la personne ou sur *l'objet de la contestation*. Or, l'erreur sur la nullité du testament rentre dans cette dernière classe, c'est une erreur sur la substance de l'objet de la contestation.

Toutes les fois donc que la nullité d'un titre ne peut être considérée que comme une erreur de fait sur la substance de l'objet de la transaction, les principes généraux sont rappelés dans l'article 2053 pour donner la solution sans qu'il soit nécessaire de recourir à l'article 2054. Il n'était pas besoin non plus de ce même article pour décider qu'une transaction serait nulle pour fausse cause ; mais, puisque les principes généraux des articles 1109 et suivants du Code Napoléon ont été déjà reproduits pour l'objet, la personne et la substance dans l'article 2053, il n'est pas extraordinaire de supposer la répétition des articles 1130 et 1131 dans l'article 2054, comme aussi dans les articles 2055 et 2056 que nous avons déjà étudiés. Que l'art. 2054 ait voulu aussi par la généralité du mot *titre* se référer aussi à l'erreur sur la substance, c'est possible, mais nous tenions seulement à constater qu'il ne fait pas double emploi avec l'article 2053, et qu'il se rapporte bien plutôt aux articles 2055 et 2056 qui prévoient des hypothèses analogues.

L'article 2054 ne déroge donc pas à l'article

2052 en ce sens qu'il lui est tout à fait étranger ainsi qu'à la distinction entre l'erreur de droit et l'erreur de fait, car cette distinction ne peut se comprendre qu'autant qu'il y a contrat réellement formé et nullité purement relative ; la nullité absolue, le défaut de formation du contrat par la seule reconnaissance du vice qui l'entache, défaut de formation qui peut être opposé en tout temps et par tout le monde, est absolument incompatible avec une distinction entre l'erreur de droit et l'erreur de fait, aussi bien qu'elle n'a pas à distinguer non plus si le vice a été connu ou non des parties. Le défaut de cause comme tous les vices radicaux, s'oppose entièrement à l'existence du contrat et demeure étranger aux circonstances extérieures, comme la connaissance qu'en ont eu les parties et l'ordre d'idées qui leur a donné naissance.

Cette espèce de nullité nous donne aussi pour la fin de l'article 2054 une explication qu'il est impossible de trouver dans le système de la jurisprudence. Il faut pour que la rescision de la transaction ne puisse pas être demandée, que les parties aient expressément traité sur la nullité du titre. S'il s'agissait d'une erreur sur la subtance, d'un vice purement relatif et qui n'appartient qu'à celui qui a été dans l'erreur, à quoi bon exiger que la nullité ait été l'objet d'une convention expresse et pourquoi déroger à l'article 1338 ? Si c'est seulement l'erreur sur la validité du titre qui peut donner ouverture à la nullité, il devrait suffire pour la paralyser, d'établir que la nullité du titre était parfaitement connue de celui qui transigeait et il n'était nullement nécessaire d'exiger une convention spéciale puisqu'aux termes de l'article 1338 l'exécution d'un titre vaut ratification tacite et que la transaction faite en connaissance de cause forme certainement exécution.

Si nous raisonnons au contraire dans le sens d'une nullité indépendante de l'erreur et résultant uniquement et nécessairement du vice qui la produit, de la fausse cause par exemple, la ratification tacite ne se comprendrait plus parce qu'on ne ratifie pas ce qui n'a aucune existence, et que la simple connaissance du titre nul dans le sens que nous proposons ne peut pas produire des effets juridiques qui n'ont jamais existé.

Il est alors nécessaire que ce vice radical, cette nullité, soit l'objet d'une convention spéciale quoiqu'accessoire dans le contrat principal et qui déplace complétement le terrain de la transaction en faisant la loi d'une difficulté prévue en elle-même et pour elle-même.

Nous ne reviendrons pas sur les longues explications que nous avons données en étudiant les articles 2055 et 2056 pour arriver à dire que ces deux articles s'occupaient d'une nullité résultant du défaut de cause ; elles justifient aussi l'interprétation que nous proposons pour l'article 2054. Il est également naturel de dire que son rang à côté de ces deux articles lui rend communes les paroles que nous avons relevées dans les travaux préparatoires, et qui nous ont servi à confirmer les principes qui formaient la base de notre manière de comprendre la loi.

Ainsi donc les deux explications qui sont en présence parlent de cette idée commune que l'article 2054 ne déroge en rien à l'article 2052. La première prenant le mot titre dans un sens restreint, dans le sens de preuve, d'élément constitutif d'un fait générateur d'obligations, décide que l'article 2054 s'appliquera toutes les fois que l'erreur sur ce titre ne constituera pas une erreur de droit. La seconde explication, celle que nous proposons d'admettre, laisse sous l'empire du droit commun et de l'article 2053 l'espèce de nullité acceptée par la première et recherche dans les principes de la cause le sens à donner à l'article 2054. Elle trouve sa justification dans les termes mêmes de la disposition qu'elle commente et dans l'idée commune qui relie ensemble les articles 2054, 2055, 2056.

Quelle conclusion allons-nous tirer de cette discussion, et quelles conséquences juridiques ferons-nous sortir de chacun de ces modes d'interprétation ? Nous avons peine à avouer qu'il n'en existe aucunes, car dans quelque système que nous nous plaçions, excepté dans le premier qui n'a plus guère de partisans, nous retrouverons dans l'article 2054 l'application d'un principe général sans aucune solution spéciale à son interprétation. Si l'article 2054 a voulu parler d'une nullité de titre se rattachant à la substance, c'est alors aux articles 1130 et 1131 qu'il faut se référer pour la nullité qui affecterait la cause elle-même de l'obligation. Si c'est au contraire à ce dernier caractère que nous devons rattacher notre disposition, les principes généraux des articles 1109 et suivants tempérés par l'article 2052 et reproduits dans l'article 2053 régleront l'erreur sur la substance résultant de la nullité du titre.

Toute cette discusion est donc purement doctrinale et ne mérite à ce titre qu'un intérêt secondaire ; nous avons cru cependant de notre devoir et pour la satisfaction des principes du droit qu'il importe toujours de défendre, d'exposer les motifs qui nous faisaient repousser l'opinion généralement admise en doctrine et consacrée en jurisprudence. Du reste, en restituant aux articles qui nous ont occupé, leur véritable portée, nous avons trouvé l'occasion de revenir une fois de plus sur les graves difficultés de la cause et de l'objet des obligations au point de vue de l'erreur, et qui sont si difficiles à préciser et à trancher d'une manière certaine.

Nous avons terminé tout ce que nous voulions dire de l'erreur comme élément du consentement et au point de vue de son influence sur la formation et la validité des contrats. Il reste en dehors de notre étude toute une classe de rapports d'obligations, les quasi-contrats, dans lesquels l'erreur joue aussi quelquefois un rôle considérable et dénature complétement la volonté qui leur a donné naissance. La différence qui sépare ces deux espèces de faits juridiques résulte de ce que dans les contrats il y a forcément deux volontés et un consentement réciproque, tandis que dans les quasi-contrats on ne rencontre comme fait générateur des obligations, qu'une seule volonté, et quelquefois même qu'une simple injonction de la loi. Cette différence ne change cependant pas les règles de l'erreur, et nous pouvons généraliser ce que nous avons dit en étendant toute notre théorie à ceux des quasi-contrats qui renferment une volonté et une volonté susceptible d'être viciée par l'erreur.

Comme exemple d'erreur sur la personne, nous trouvons la gestion d'affaires dans laquelle le *negotiorum gestor* pourrait en découvrant son erreur abandonner sa gestion avant même que le propriétaire fût en état d'y pourvoir lui-même, pourvu toutefois qu'il n'y eut de sa part aucun dol.

L'article 1377 Cod. Nap. nous donne à son tour un cas d'erreur sur la cause, en décidant qu'une personne qui aurait payé une dette par erreur et parce qu'elle se croyait débitrice, pourrait répéter contre le créancier; nous verrons aussi sur cet article l'application de l'un des effets les plus importants de la bonne foi.

Les exemples d'erreur sur la substance sont encore plus nombreux. Nous avons les art. 1186 et 1235 Cod. Nap. qui nous donnent deux décisions analogues et fondées sur le même vice de consentement. Le premier suppose le paiement d'une dette avant l'échéance du terme et nous n'hésitons pas à décider que l'erreur donne ouverture à une répétition fondée sur ce que la substance de la dette était son défaut d'exigibilité; une erreur sur ce point, altère suffisamment la volonté du débiteur pour l'autoriser à faire annuler son paiement (1).

---

(1) Quelques auteurs et notamment MM. Aubry et Rau t. III § 303, note 5. — Massé et Vergé t. III, § 537, note. — Larombière, obligations, t. I, art. 1186, n° 34, pensent au contraire que le paiement fait par erreur avant l'échéance du terme ne peut jamais donner lieu à répétition. Nous avouons n'avoir jamais pu comprendre sur quel principe on pouvait s'appuyer pour soustraire cette disposition aux règles générales de l'erreur qui embrassent forcément toute la matière des obliga-

Quant à l'article 1235 il s'occupe d'une dette naturelle et il exige pour que le paiement en soit irrévocable, qu'il ait été fait volontairement, c'est-à-dire en dehors de tous les vices du consentement consacrés par l'article 1108 et qui dénaturent l'expression des volontés qu'ils accompagnent.

On rencontre plus de difficulté pour l'erreur de droit, précisément parce que son application elle-même est contestée et que dans les quasi-contrats pas plus que dans les contrats, nous ne trouvons l'indication expresse que la loi en ait voulu tenir compte. L'article 1235 notamment a donné lieu à controverse et on a soutenu que la répétition d'une dette naturelle ne pourrait pas avoir lieu quand le paiement aurait été le résultat d'une erreur de droit.

La pensée que nous avons développée sur l'erreur de droit à propos des contrats reste la même pour l'étendue à donner à l'article 1235. L'erreur de droit nous paraît trop intimement liée à l'erreur de fait pour nécessiter des règles différentes, car la nullité qui résulte du vice de l'erreur repose uniquement sur une absence de liberté dans le consentement et sur ce principe qu'une volonté n'en est vraiment pas une quand elle n'est

tions comme l'indique à la fois leur esprit et leur position dans le Code Napoléon après la définition même des rapports conventionnels.

pas donnée en pleine connaissance de cause. Qu'il y ait en philosophie un devoir moral à acquitter uné obligation naturelle, soit ; mais dans la légalité il est impossible de montrer une aussi grande exigence.

Le seul fait qui puisse valider le paiement d'une obligation naturelle, c'est-à-dire d'une obligation qui n'est garantie par aucun moyen de coercition, c'est la connaissance exacte que l'on a de sa nature même et du défaut de contrainte qui est son caractère propre. C'est ainsi que l'ont pensé les rédacteurs du Code en écrivant l'article 1235 et nous ne croyons pas qu'ils aient voulu faire entre l'erreur de fait et l'erreur de droit une distinction que leur caractère réciproques ne peut que condamner.

Nous signalerons aussi en terminant une exception à l'influence de l'erreur sur la substance. L'article 783 Cod. Nap. ne permet pas au majeur d'attaquer l'acceptation qu'il a faite d'une succession insolvable, alors même qu'il a commis une erreur sur les forces de cette succession. Cette exception est-elle justifiée ? Nous n'oserions pas aller jusqu'à reprocher à la loi de s'être prononcée avec autant de sévérité. Quoi qu'il en soit, nous dirons avec elle que l'erreur sur les forces d'une succession n'autorise pas le majeur à attaquer son acceptation expresse ou tacite à moins qu'elle n'ait été le résultat d'un dol ou que la succession ne se trouve absorbée ou diminuée de plus de moitié par la découverte d'un testament inconnu au moment de l'acceptation.

Nous retrouvons donc dans les quasi—contrats comme dans les contrats l'application exacte des principes posés par les articles 1109 et suivants. L'erreur sur la chose, l'erreur sur la personne, l'erreur sur la cause soit en fait soit en droit, forment dans leur ensemble une théorie applicable toutes les fois qu'il y a consentement susceptible de produire des effets juridiques. Complétement séparée des questions de dommages-intérêts et des réparations pécuniaires accessoires, elle doit provoquer un examen rigoureux et attentif des éléments de la convention toutes les fois qu'on se trouve en présence de l'expression d'une volonté douteuse et dont les caractères se rapprochent plus ou moins des exemples généraux que nous avons proposés à l'appui de nos principes.

CHAPITRE V

DE L'ERREUR QUALIFIÉE BONNE FOI ET DE SES PRINCIPAUX EFFETS JURIDIQUES

Nous avons étudié jusqu'à présent l'erreur dans ses effets directs et immédiats sur les rapports d'obligations dont elle entrave la formation en leur donnant pour base une volonté sans valeur et un consentement vicieux. Faisant en quelque sorte corps avec la convention elle-même, elle ne peut s'en détacher sans briser le lien juridique et elle produit alors ce que produisent tous les vices du consentement, la nullité de l'obligation dont elle est l'une des causes.

Mais lorsqu'au lieu d'avoir une nullité relative reservée à la partie induite en erreur, nous nous trouvons en présence d'un contrat ou d'un autre événement juridique sans valeur à l'égard de deux personnes et pour un vice autre que l'erreur, il ne suffit pas toujours de donner à l'une d'elles la faculté d'annuler le contrat et de reprendre la liberté qu'elle avait avant de s'obliger, car cette personne peut avoir elle-même le plus grand intérêt au maintien de la convention. C'est dans ces circonstances que l'erreur qui l'a engagée à contracter, la bonne foi avec laquelle elle a envisagé sous une face toute différente le rapport d'obligations auquel elle croyait donner naissance par sa volonté, doit créer en sa faveur un secours spécial qui lui permettra non plus d'annuler les effets d'un rapport de droit intervenu à la suite d'une erreur de sa part, mais au contraire d'en maintenir sinon toutes les conséquences qu'elle a intérêt à conserver, au moins celles qui n'attaquent pas un principe fondamental.

L'erreur ainsi considérée produit alors ce qu'on appelle la bonne foi, et le cercle de ses applications est à la fois plus vaste et plus restreint que celui de l'erreur invoquée comme cause de nullité. Il est plus vaste, en ce qu'il est applicable à tout fait quelconque de l'homme susceptible d'avoir une importance juridique, et que la bonne foi doit toujours être prise en considération dans une certaine mesure. Il est aussi plus restreint en ce sens d'abord qu'elle n'a d'intérêt que si l'action en nullité n'est pas exclusivement réservée à celui qui a connu l'erreur, et ensuite en ce qu'elle ne produit pas le plus souvent comme l'erreur proprement dite un effet radical, et n'a d'autre résultat que d'atténuer celles des conséquences de la nullité qui choquent le plus ouvertement l'équité.

Les prescriptions et l'acquisition des fruits par la perception sont pour les contrats les effets les plus généraux de la bonne foi.

La vente de la chose d'autrui mobilière ou immobilière, n'a jamais pu avoir pour conséquence de transporter la propriété du vendeur à l'acheteur, quoiqu'on ait essayé, comme nous le verrons plus tard, de lui donner cet effet dans une hypothèse particulière. La nature du contrat de vente chez les Romains, qui n'avait d'autre résultat que de faire naître des obligations réciproques de vendeur et d'acheteur, autorisait la vente de la chose d'autrui ; mais nos rédacteurs étaient trop pénétrés du changement qu'ils opéraient dans les conditions du transport de la propriété en le faisant résulter du simple consentement, pour ne pas déclarer que la vente de la chose d'autrui serait absolument nulle, et pour s'apercevoir qu'ils fermaient ainsi sans raison la porte à une foule de contrats calqués à peu près sur la vente romaine, et qui n'auraient en rien altéré leur principe nouveau.

Quoi qu'il en soit, il demeure certain en philosophie comme en droit, qu'une convention de vente entre deux personnes qui n'ont aucun droit sur la chose ne peut pas à elle seule produire un effet juridique aussi important que le transport de la propriété, quelle qu'ait été d'ailleurs la bonne ou la mauvaise foi des parties. Mais si l'acheteur a ignoré la circonstance qui l'empêchait de devenir propriétaire, la loi lui accorde une faveur particulière qui dépend aussi d'une distinction entre les meubles et les immeubles.

Les meubles en raison de leur nature et de la facilité avec laquelle ils sont l'objet des transactions, ne doivent pas rester dans une incertitude de propriété trop longue. Sans doute si deux personnes de mauvaise foi font entre elles un essai de vente de cette nature, le transport de la propriété ne pourra pas s'en suivre ; mais si l'acheteur est de bonne foi, s'il croit avoir reçu la chose *a non domino*, l'article 2279 Cod. Nap. décide avec beaucoup de raison, qu'il demeurera irrévocablement propriétaire et par faveur pour sa bonne foi. Dans les transmissions mobilières, la bonne foi produit donc cet effet remarquable de créer une prescription instantanée fondée sur la simple possession et sans la condition d'un délai plus au moins long, comme pour toutes les autres prescriptions.

Quand il s'agit d'un acte qui a pour objet une translation de propriété immobilière, la bonne foi a moins d'influence et ses conséquences se réduisent à deux principales :

Elle abrége le temps requis pour prescrire et elle attribue les fruits au possesseur de la chose à mesure qu'il les perçoit. C'est ainsi que l'article 2265 C. N. réduit à 10 ou 20 ans le délai de

30 ans exigé pour prescrire dans le cas de simple possession sans titre, l'action en revendication du véritable propriétaire, et que l'article 549 attribue la propriété des fruits au possesseur de bonne foi.

Ces deux effets de la bonne foi quoique simultanés et liés le plus souvent l'un à l'autre, ne doivent cependant pas être entièrement confondus; de grandes différences les séparent.

D'abord quant aux conditions de leur naissance, la simple bonne foi suffit pour l'acquisition des fruits, et aux termes de l'article 550 elle existe quand l'acheteur possède en vertu d'un titre transatif de propriété dont il ignore les vices.

Il n'en est pas de même pour la prescription de 10 ou 20 ans, et l'article 2265 exige un juste titre. Cette différence n'a rien qui doive étonner. Il est au contraire tout à fait équitable que la bonne foi seule ait pour conséquence l'acquisition immédiate des fruits parce qu'il serait trop rigoureux d'exiger d'un possesseur la restitution de choses qu'il a successivement consommées dans la pensée qu'elles lui appartenaient, tandis qu'on a pu exiger pour la translation de propriété et pour l'abréviation du délai de 30 ans de possession à 10 ou 20 ans, que l'acheteur fut nanti d'un titre régulier et tel que s'il fut émané du véritable *dominus*, il lui eut transféré la propriété de l'immeuble.

Nous rencontrerons donc quand il s'agit de leur assiette et de leur commencement, des conditions plus difficiles pour la prescription que pour l'acquisition des fruits; c'est l'inverse qui se produit dans leur continuation. Aux termes de l'article 550 l'acheteur « cesse d'être de bonne foi du moment où ces vices lui sont connus », et comme c'est à la bonne foi seule que l'acquisition des fruits est attribuée, il perd pour l'avenir tout droit à leur conservation, et il sera obligé s'il est évincé avant d'avoir prescrit, de les restituer au propriétaire à partir du jour où sa mauvaise foi a commencé.

La bonne foi au moment de l'acquisition avec juste titre donne au contraire à l'acheteur un droit irrévocable à la prescription de 10 ou 20 ans. Possesseur de la chose, nanti d'un titre régulier, de bonne foi quand il l'a reçu, on ne peut pas le contraindre du jour où il reconnaît le vice de son acquisition à restituer de lui-même l'immeuble au propriétaire ou l'assimiler à un possesseur sans titre et à un simple détenteur. La même considération d'ordre public qui créait la prescription de 30 ans a dû limiter irrévocablement ce délai à 10 ou 20 ans quand il s'agissait d'une transmission régulière et de bonne foi dans son origine (art. 2269).

De même qu'on avait contesté l'application de

l'erreur de droit à la nullité des conventions, de même aussi on a voulu l'écarter de tout ce que touche à la bonne foi. Cette dénomination seule de bonne foi nous fait quant à nous repousser toute distinction. La bonne foi n'étant en effet autre chose qu'une croyance erronée, peu importe la base de cette croyance pourvu qu'elle ait été suffisante pour faire penser à celui qui s'est trompé qu'il était dans la vérité, et qu'il pouvait compter sur les effets de son consentement. L'article 550 lui-même, en décidant que la bonne foi existe quand on possède en vertu d'un titre dont on ignore les vices, suppose une erreur de droit, l'inaccomplissement par exemple d'une des nombreuses formalités exigées pour la validité des donations, car le vice d'un titre en lui-même dans sa forme et dans son contexte ne peut guère donner lieu à une erreur de fait. Ajoutons qu'en notre matière plus encore que dans la théorie des nullités, toute différence doit être exclue, parce que les effets de l'erreur qualifiée de bonne foi ne portent aucune atteinte aux droits acquis par des tiers et sur lesquels ils croyaient pouvoir légitimement compter. Nous comprenons qu'on ait pu douter de l'application de l'erreur de droit quand elle devait avoir pour effet d'annuler une convention légalement formée, mais nous ne concevons pas qu'on ait pu un seul instant contester à la bonne foi son fondement sur l'erreur de droit, alors qu'elle n'a jamais pour effet que de relever celui qui s'est trompé, de certaines conséquences de son fait et sans jamais causer un préjudice à personne ni surtout rompre un rapport de droit régulièrement établi.

Tels sont les principes généraux et les effets les plus habituels de la bonne foi. Dans certaines situations légales particulières elle produit des conséquences encore plus importantes. Nous réunirons d'abord pour les parcourir ensemble toutes celles qui se rattachent aux quasi-contrats, et nous étudierons ensuite en terminant deux des contrats qui ont soulevé les plus longues discussions, la vente d'immeuble faite par l'héritier apparent et le mariage putatif.

SECTION I

DE QUELQUES QUASI-CONTRATS AU POINT DE VUE DE LA BONNE FOI

I. Pour payer valablement il faut être propriétaire de la chose donnée en paiement et capable de l'aliéner. Si donc un créancier a reçu son paiement d'un mineur par exemple, il est soumis de la part du tuteur à une action en revendication ou en dommages-intérêts s'il ne peut pas restituer la chose. Lorsqu'il l'a consommée, la loi vient à son secours et décide dans l'article 1238 qu'il sera à l'abri de toute poursuite pourvu qu'il ait été de bonne foi c'est-à-dire qu'il n'ait pas connu le défaut de capacité du mineur.

Cette décision extrêmement importante et d'une utilité pratique considérable prête cependant à la critique. Il est en effet singulier que le fait seul d'avoir consommé la chose avec bonne foi puisse produire un enrichissement au profit du créancier et au détriment de l'incapable.

Pour trouver l'importance de cette solution et en même temps le vice qu'elle peut avoir, il faut se placer dans l'hypothèse d'une dette alternative de deux choses de valeur inégales, de denrées par exemple, et d'un marché à terme. Si le mineur ne devait qu'une seule chose, il n'y aurait aucun intérêt à ce que ce fût le tuteur plutôt que lui qui effectuât le paiement et le fait de la part du créancier d'avoir consommé la chose ne causerait au mineur aucun préjudice ; mais si nous supposons une dette alternative de froment ou de blé par exemple au choix du débiteur, de deux denrées susceptibles d'une certaine variation et d'une grande inégalité de valeur, et que le mineur ait donné au créancier celle qu'il avait le plus d'intérêt à conserver, la protection de la loi entraîne des conséquences contraires à tous les principes reçus en matière d'incapacité et à la faveur dont elle est entourée.

C'est donc aller un peu loin que d'attribuer ici une importance aussi grande à la bonne foi, d'autant plus que le créancier ne subirait aucun préjudice à restituer au mineur à titre d'indemnité la différence de valeur entre les deux denrées qui faisaient l'objet de l'alternative.

II. — L'article 1240 contient une disposition analogue à la précédente, mais qui est parfaitement raisonnable et conforme à tous les principes. Le paiement fait de bonne foi à celui qui est en possession de la créance est valable encore que le possesseur en soit par la suite évincé.

Le possesseur d'une créance est celui qui se présente au débiteur avec le titre constatant la dette et qui est de plus considéré par tout le monde comme le véritable créancier. Il ne suffirait pas en effet qu'un individu quelconque se présentât au débiteur avec le titre souscrit par lui, car il ne serait que possesseur du titre et non pas de la créance, et le débiteur aurait le droit et le devoir de lui demander compte de la provenance de ce titre. La loi entend par possesseur de la créance, celui qui passe pour le véritable créancier, celui qui en un mot pourrait contraindre en justice le débiteur à le payer, si celui-ci en présence d'un doute se refusait au paiement amiable.

L'application la plus fréquente de l'article 1240

a lieu lorsqu'une succession est possédée par un héritier apparent de bonne ou de mauvaise foi. *Error
communis facit jus*, et il était nécessaire de mettre
à l'abri d'un second paiement le débiteur qui se
présente dans des conditions aussi favorables.

III. — Une troisième espèce de paiement irrégulier nous donne l'exemple d'une lutte entre
l'erreur comme cause de nullité et l'erreur qui
constitue la bonne foi.

Un créancier ne sachant pas exactement quel est
son débiteur et croyant par exemple à une délé-
gation faite par celui-ci à un tiers qu'il ne connaît pas, reçoit son paiement d'un étranger qui se
présente à lui comme son débiteur. Quoiqu'il ait
reçu ce qui lui était dû, l'erreur de ce prétendu
débiteur annulera le paiement et l'obligera à une
restitution ; mais si à la circonstance de sa bonne
foi vient s'ajouter celle de la suppression du titre,
l'article 1377 déclare le créancier à l'abri de toute
répétition. La suppression de son titre sans dol et
sans mauvaise foi le laisse en effet à la discrétion
de son débiteur, et si quelqu'un doit souffrir de
cette situation, c'est assurément le tiers imprudent
qui y a donné lieu en effectuant un paiement
entre les mains d'une personne qui n'est pas son
créancier.

On se demande sur cet article si le tiers étranger

à la dette aura le droit pour exercer son recours contre le véritable débiteur, d'exiger la subrogation de la part du créancier dans tous ses droits, priviléges et hypothèques et même s'il ne lui est pas légalement et de plein droit subrogé ? Nous ne pousserons pas aussi loin les effets de la bonne foi et la théorie de la subrogation nous paraît devoir rester tout à fait en dehors de cette hypothèse. Nous ne trouvons d'abord dans l'article 1154 du Code Napoléon aucune place pour une subrogation légale dans les circonstances que nous indiquons, et on sait également que la subrogation conventionnelle ne peut avoir lieu (art. 1250) qu'au moment du paiement. Nous décidons seulement que le tiers pourra exiger du créancier la cession de sa créance et se comporter vis-à-vis du débiteur comme un cessionnaire ordinaire. Si le créancier se refusait à lui accorder cette espèce de compensation, il se constituerait en état de mauvaise foi et pourrait être contraint à une restitution malgré la suppression de son titre.

IV. — Lorsqu'un détenteur élève des constructions sur le fonds qu'il possède, il conserve la propriété de ces constructions alors même qu'il vient à être évincé du sol sur lequel les il a établies de bonne ou de mauvaise foi ; il a le droit de les enlever et de rendre au propriétaire sa chose dans l'état où elle était avant qu'il n'eut construit.

Mais comme il a toujours intérêt à la conservation des constructions puisque leur destruction l'obligeait encore à des dépenses sans résultat pour lui, la loi établit une distinction entre le possesseur de bonne et de mauvaise foi. Est-il de mauvaise foi, le propriétaire du sol peut aux termes de l'article 555 du Code Napoléon le forcer à enlever ses constructions, ou bien s'il préfère les garder, il doit lui rembourser leur valeur intégrale c'est-à-dire le prix des matériaux et de la main-d'œuvre sans tenir compte de l'augmentation ou de la diminution de valeur qui en est résultée pour sa propriété.

Si le possesseur est au contraire de bonne foi, la protection qui lui est accordée consiste en ce qu'il ne peut en aucun cas être forcé d'enlever ses constructions et de rétablir les lieux dans l'état où ils étaient auparavant ; mais alors le propriétaire ne sera tenu que de lui payer la plus-value qui a augmenté la valeur du fonds, si cette plus-value est inférieure au prix des matériaux et de la main-d'œuvre.

Sa position est donc en raison de sa bonne foi, aussi favorable que possible quand le propriétaire a intérêt à faire disparaître les constructions. S'il arrivait au contraire que le propriétaire fût plus que lui intéressé à les conserver, il aurait encore le moyen d'élever ses prétentions au delà de la plus-value en le menaçant de les enlever.

C'est là en effet ce qui rend sa situation égale à celle de possesseur de mauvaise foi, et qui lui donne indirectement droit comme à celui-ci, à la valeur intégrale des constructions quand le propriétaire veut les conserver. Ajoutons même que sa situation est toujours préférable, car dans l'hypothèse de la conservation des constructions, le possesseur de mauvaise foi peut être considéré comme de bonne foi par le propriétaire sans pouvoir se prévaloir lui-même de sa mauvaise foi pour obtenir une indemnité plus considérable. *Nemo accipitur propriam allegans turpitudinem.*

SECTION II

DES ALIÉNATIONS D'IMMEUBLES CONSENTIES PAR L'HÉRITIER APPARENT A UN TIERS DE BONNE FOI. — DES MARIAGES PUTATIFS.

Nous arrivons avec l'étude de la bonne foi dans les aliénations faites par un héritier apparent et dans les mariages nuls et annulables à deux des plus vastes questions qui aient agité la doctrine et divisé la jurisprudence. Se rattachant toutes deux à des principes d'ordre public et des considérations sociales de la plus grande importance, elles méritent au plus haut point l'attention du jurisconsulte, dont le rôle, c'est du moins notre pensée est ci malheureusement et surtout dans la première question, de blâmer énergiquement et de condamner la tendance de la jurisprudence.

I. — La vente de la chose d'autrui est nulle aux termes de l'article 1599. L'héritier apparent qui vend un immeuble de la succession à un tiers de bonne foi fait-il un acte définitif, ou en d'autres termes peut-il être ou non considéré comme ayant aliéné la chose d'autrui ? Tel est le point de départ de la première difficulté.

On suppose qu'un individu est mort laissant pour son plus proche héritier au moins en apparence, un cousin par exemple qui pendant cinq, dix années est considéré comme l'héritier véritable et vient à aliéner un immeuble. Quelque temps après cette aliénation, un frère du *de cujus* se présente, établit sa qualité de plus proche parent et recueille la succession qui avait passé entre les mains du cousin germain. On se demande s'il devra respecter les aliénations d'immeubles qui lui sont opposées, et si l'héritier apparent a pu faire en consentant ces aliénations un transport de propriété irrévocable et définitif.

La jurisprudence fixée par trois arrêts de cassation du 16 janvier 1843, s'est prononcée après bien des hésitations en faveur de l'affirmative, et a décidé que ces aliénations vaudraient à l'encontre de l'héritier véritable et qu'il serait obligé de supporter toutes les conséquences de l'exercice qu'a pu faire l'héritier apparent de sa qualité provisoire.

Son point de départ repose tout entier sur l'intérêt de la circulation des biens et de la bonne foi de l'acheteur. Trouvant celui-ci dans une position telle qu'il a pu légitimement se tromper, elle veut venir à son secours en maintenant entre ses mains une propriété que repousse l'article 1599, et c'est uniquement sur le fondement de la bonne foi qu'elle a basé son système. Partant de là comme d'une nécessité pratique indispensable, elle a compris cependant que l'erreur n'était pas une raison suffisante pour détruire un principe aussi fort que celui de l'article 1599, et elle a cherché dans les textes une justification qu'ils lui refusent complétement, mais qui n'est au fond que l'accessoire de son idée principale, la protection due à l'erreur légtime.

Nous respectons entièrement les susceptibilités qui ont fait prendre autant d'intérêt à la situation de l'acheteur, mais nous ne pouvons pas voir dans cet intérêt aussi favorable qu'on le voudra un motif suffisant pour réduire à néant un des principes les plus fermement établis et les plus importants à maintenir dans leur intégrité, celui du respect dû à la propriété.

Partisans de la vente de la chose d'autrui en tant que contrat productif d'obligations sans translation de propriété, nous n'allons pas juqu'à faire disparaître par faveur pour l'erreur cette seconde condition, et jusqu'à détruire cet autre principe non moins grave en législation, qu'on ne peut transporter à autrui plus de droit qu'on en a soi-même. De plus les textes y mettent en dehors même de la discussion spéciale aux pouvoirs de l'héritier, un obstacle invincible en n'attribuant jamais à la bonne foi d'autre effet que de réduire le temps requis pour prescrire. Du reste, si on pouvait fonder un système semblable sur les considérations d'équité, il n'y aurait aucune raison pour spécialiser à l'héritier apparent une décision fondée sur la bonne foi, et la jurisprudence pour être conséquente devrait appliquer son idée à toutes les aliénations faites par un propriétaire apparent et toutes les fois que l'acheteur se serait trouvé dans une erreur légitime. Elle n'a pas osé aller jusque-là; aussi, laissant de côté pour le moment le domaine des considérations, nous allons voir comment·elle a essayé de justifier en droit ce système, et de lui donner une apparence de fondement juridique.

Nous le compléterons en ajoutant l'augmentation des représentants de la doctrine qui sont venus lui apporter leur appui ou lui servir de point de départ.

A. — Les précédents de droit romain qui avaient beaucoup touché Merlin, (1) doivent être de l'avis de presque tout le monde, retranchés de la discussion. A Rome, l'héritier apparent n'était tenu dans le dernier état du droit que *quatenus locupletior factus crat* et l'acheteur en vertu d'un senatus-consulte Juventien avait de son chef une exception *ex persona venditoris* qu'il opposait à la revendication de l'héritier véritable.

L'ancien droit mérite plus de considération ; entièrement favorable à la validité des actes de l'héritier apparent, il maintenait les aliénations immobilières faites par cet héritier, et les excellentes raisons qu'il en donnait au point de vue de la circulation des biens subsistent encore aujourd'hui (2).

Voilà pour la justification historique, elle n'a, comme on le voit, qu'une importance secondaire et nous n'insisterons pas davantage ; le véritable terrain de la discussion commence sur les carac-

(1) V. Merlin, Questions de droit, vol. héritiers § 3
(2) Parlement de Normandie, 17 juin 1759. — Parlement de Paris, 17 juin 1744.

tères de la saisine et de la vocation aux successions dans notre droit du Code Napoléon.

La jurisprudence établit d'abord une séparation complète entre le possesseur ordinaire et l'héritier apparent. Le premier, simple détenteur qui ne puise de droit que dans le fait matériel de sa possession, n'a pas même un droit provisoire, un droit révocable. Nanti d'un titre qui n'en est pas un, souvent même n'en invoquant aucun, il n'a jamais eu sur l'immeuble apparence de propriété, et cet immeuble s'il n'appartenait pas à tel autre déterminé, ne serait pas pour cela nécessairement le sien.

Que trouve-t-on au contraire dans la position de l'héritier apparent? Il a comme tout parent, comme tout héritier présomptif, une vocation personnelle à la succession qui ne disparaît que devant l'existence d'un parent plus proche; et si ce parent se trouvait ne pouvoir recueillir la succession, c'est à lui qu'elle arriverait nécessairement.

Nous ne connaissons plus l'adition d'hérédité des Romains et il n'y a pas d'interruption possible entre la propriété du *de cujus* et celle des héritiers; c'est la famille tout entière qui est investie collectivement de la succession, jusqu'à ce qu'un membre vienne établir qu'il est le premier en rang et recueillir à lui seul tout le patrimoine du *de cujus*.

La preuve en est dans l'article 777 C. N. qui décide que l'effet de l'acceptation remonte au jour de l'ouverture de la succession, et par conséquent que jusqu'à cette acceptation l'héritier définitif n'a aucun droit fixe et déterminé, la place étant occupée par l'ensemble de la famille. On peut ajouter dans le même ordre d'idées, les termes de l'article 724 qui établit encore à propos de la saisine cette vocation collective : « Les héritiers légitimes sont saisis de plein droit des biens, droits et actions du défunt sous l'obligation etc. »

La Cour de cassation se croit donc autorisée à dire que l'article 711 Cod. Nap. ayant placé la succession parmi les modes de translation de la propriété, tant qu'un parent déterminé n'a pas exercé son droit de plus proche et invoqué le bénéfice de l'article 777, il faut que cette propriété soit fixée sur la tête de quelqu'un puisqu'elle existe. Or, sur qui la fixera-t-on si ce n'est sur la famille et plus particulièrement sur ceux des autres parents qui ayant une vocation personnelle, viendraient eux-mêmes à la succession si un parent plus rapproché n'était pas là pour la recueillir, et la conserveraient définitivement si ce parent ne se présentait qu'après trente ans.

Cette théorie est du reste en dehors de ces différents articles écrite tout au long dans l'article 136 C. N. sur lequel s'élève l'application la plus importante de notre difficulté : « S'il s'ouvre une succession à laquelle soit appelé un individu dont l'existence n'est pas reconnue, elle sera dévolue exclusivement à ceux avec lesquels il aurait eu le droit de concourir ou à ceux qui l'auraient recueillie à son défaut. » Il ressort de cette décision donnée dans le cas d'absence, la preuve manifeste que la loi considère pour la dévolution des biens la famille dans son ensemble, et qu'elle lui attribue provisoirement la propriété des biens qui composent la succession.

Partant de ce principe que chacun des parents, et notamment l'héritier apparent, celui qui vient après l'absent à la dévolution des biens laissés par le *de cujus*, a l'exercice de tous les droits comme il en a la jouissance, on ne peut pas comprendre cet exercice de la qualité d'héritier, du droit de propriété, sans qu'il soit accompagné de la faculté d'aliéner ? Investi du droit provisoire de payer les créanciers, chargé de liquider la succession, il faut nécessairement que l'héritier apparent ait le droit d'aliéner et de faire des actes irrévocables.

Nos adversaires croient encore trouver dans l'article 132, une décision tout à fait semblable à celle qu'ils proposent : le législateur, vu la longue absence du propriétaire, permet aux possesseurs de leurs biens d'en disposer valablement, et si l'absent revient il ne pourra plus reprendre que ce qui

restera entre les mains de l'envoyé en possession.
Pourquoi, disent-ils, en serait-il autrement dans le
cas d'un héritier apparent ? Comment ! voilà un
envoyé en possession qui possède pour l'absent,
qui détient les biens d'une manière presque précaire, et qui pourrait faire des actes d'aliénations
irrévocables, tandis qu'un héritier apparent pos-
sédant pour son propre compte, prescrivant contre
l'héritier véritable, ne pourrait. pas consentir une
vente qui est peut-être nécessaire pour payer des
dettes de la succession ? L'inconséquence va même
encore plus loin ; un curateur à succession vacante
simple administrateur salarié, revêtu d'une fonc-
tion purement temporaire sans aucun droit personnel sur les biens qu'il administre, peut aux
termes de l'article 790 faire des actes d'aliénations définitifs et qui mettent les tiers à l'abri de
toutes poursuites de la part d'un héritier qui vien-
drait plus tard réclamer la succession, et l'héritier
apparent n'aurait pas le même droit !

Veut-on maintenant des preuves directes et des
analogies? L'article 1240 C. N. décide que le paiement fait au possesseur de la créance libère le débiteur ! Or quelle différence saurait-on trouver entre
une vente faite par le possesseur de la succession,
l'héritier apparent, et le paiement reçu par ce même
héritier ? D'une part en déclarant l'aliénation nulle,
on ferait subir à l'acheteur une perte considérable

si l'héritier apparent est insolvable ; tandis que le débiteur dans un hypothèse identique serait à l'abri de tout recours ! Et pourtant l'acheteur avait-il plus de moyens de s'éclairer que ce débiteur, pouvait-il deviner qu'il traitait avec un propriétaire provisoire alors que tout le monde le considérait commé le véritable héritier et comme investi irrévocablement de la succession ? A qui la faute si l'aliénation a eu lieu ? N'est-ce pas plutôt à cet héritier, ce parent assez négligent pour ne pas s'inquiéter si tel ou tel parent dont il est l'héritier présomptif est encore vivant ? N'est-ce pas bien plutôt lui qui doit subir une perte s'il y en a une à supporter que l'acheteur qui a traité de bonne foi et sans aucune faute ?

On trouve encore dans les différentes matières qui se rattachent à la bonne foi, des décisions qui viennent confirmer énergiquement le principe de la protection qui lui est toujours accordée. Nous voyons que si un créancier a aliéné de bonne foi la chose qu'il avait reçue en paiement et qui ne lui était pas due, il ne doit restituer que le prix de la vente tandis que son acheteur n'a rien à craindre de la découverte de l'erreur.

L'article 1975 dit la même chose pour l'héritier du dépositaire qui a vendu de bonne foi la chose dont il ignorait le dépôt et qu'il croyait sienne.

Il résulte donc de toutes ces dispositions, que la

bonne foi quand elle n'est accompagnée d'aucune négligence, protége entièrement celui qui aurait à subir un préjudice de son erreur, et que la perte revient toujours à celui qui s'est montré négligent et qui a provoqué par sa faute les actes qu'il veut ensuite attaquer.

Du reste cette seconde partie de l'argumentation de nos adversaires et qui procède par analogie, n'est pas la principale. La base du système de la validité des actes de l'héritier apparent repose sur les principes que nous avons donnés de la saisine et de investiture légale de tous les biens de la succession au profit de toute la famille et de tous les héritiers présomptifs jusqu'à ce que l'un deux plus proche en degré que les autres vienne les évincer et prendre pour lui tout le bénéfice de la succession. Ce n'est donc pas avec l'article 1599 que la lutte s'engage directement, car l'héritier apparent n'a pas aliéné la chose d'autrui, mais la sienne propre ; et c'est une situation tout à fait particulière et essentiellement favorable qui sort du principe de droit commun et ne dépend absolument que de ses règles propres et personnelles.

On pourrait encore, et c'est l'argumentation proposée par M. Demolombe, considérer l'héritier apparent comme un mandataire qui exercerait tous les droits de l'héritier véritable, mandataire avec

des pouvoirs exceptionnellement vastes et résultant de sa vocation personnelle ; il aurait le droit
de se comporter exactement comme le propriétaire lui-même et de consentir des aliénations
tacitement autorisées par celui-ci et par conséquent
irrévocables.

Enfin au dessus de toute cette discussion de
texte, la nécessité sociale de la circulation des
biens et de la solidité des transactions. Il importe
au plus haut degré qu'une aliénation d'immeubles
avec toutes les conséquences qu'elle peut entraîner ne soit pas aussi facilement révocable, et que
des tiers de bonne foi ayant pour eux l'opinion
commune puissent compter sur quelque chose de
définitif en traitant avec un individu qui passe aux
yeux de tous pour le véritable héritier.

Et à côté de l'intérêt personnel de l'acheteur que
sa bonne foi rend respectable au premier chef, il y
a encore la considération d'ordre public qui doit
aussi jouer un grand rôle et dominer la situation
de l'héritier véritable toute fâcheuse qu'elle puisse
se trouver dans certains cas. (1)

B. — Telles sont dans leur ensemble et avec leur
portée particulière, les différentes raisons qui ont été

(1) Voyez dans ce sens Zachariæ (IV, p. 308 et suiv.) Demo-
lombe (II, no° 243-250.) — Aubry et Rau (I, V, § 616 note 31.)
— Duvergier (vente I, no 225.) — Cass. 16 janvier 1843, (3 arrêts)
— Aix 22 déc. 1843.

données pour soutenir la validité des aliénations d'immeubles faites par l'héritier apparent. La première idée qui nous frappe dans cette longue augmentation, c'est la contradiction flagrante qu'elle implique, et l'opposition complète qui existe entre deux ordres d'idées parfaitement contraires qu'elle essaie d'allier pour en tirer sa justification.

Sur le terrain des considérations, la seule chose que nous puissions accorder à nos adversaires, c'est que si l'héritier est quelquefois en faute, s'il doit être responsable de son silence, nous pourrions peut-être nous associer à eux pour demander au législateur une disposition dans le sens qu'ils réclament ; mais il nous paraît même difficile d'admettre en principe cette faute et cette négligence.

La nature humaine est ainsi faite, qu'insouciants le plus souvent quand il s'agit d'un intérêt qui ne nous touche pas directement, nous nous laissons difficilement entraîner à l'indifférence quand nous avons l'espérance d'un bénéfice à réaliser et d'une succession par exemple à recueillir. Il nous paraît au contraire fort peu probable, qu'un héritier connaissant la mort d'un parent auquel il doit succéder ou même soupçonnant que l'ouverture de sa succession n'est pas éloignée, reste volontairement inconnu et laisse à un autre le soin de recueillir les fruits d'un patrimoine peut-être considérable pour le plaisir d'avoir à faire révoquer plus tard les aliénations immobilières qu'aura pu consentir cet héritier apparent. Nous croyons au contraire que la négligence sera l'exception et l'exception bien rare, et nous ne craignons pas de poser comme un principe bien près de la vérité, que si un héritier ne vient réclamer ses droits que long-temps après leur ouverture, c'est qu'il n'a pas pu venir plus tôt ou qu'il n'a eu aucune connaissance de l'événement qui lui donnait vocation à la succession de son parent.

Tout l'intérêt qui s'attache à la personne de l'acheteur est donc obligé de se partager, et on arrive forcément à se demander lequel des deux de l'acheteur ou de l'héritier devra supporter les conséquences de l'insolvabilité du propriétaire apparent. Cet acheteur lui-même, si plein de bonne foi, n'a-t-il en effet rien à se reprocher ? Un individu a disparu, il est déclaré absent, une succession s'ouvre à son profit et elle est dévolue aux termes de l'article 136 C. N. à ceux qui l'auraient recueillie à son défaut : qui est-ce qui force l'acheteur qui a connaissance de cette situation légale d'absence, à acheter un immeuble à l'envoyé en possession provisoire ? Pourquoi ne pas attendre qu'il ait des nouvelles et même pourquoi au lieu de payer son prix, ne le déposerait-il pas à la caisse des consignations ou n'en garderait-il pas le capital pendant 30 ans, c'est-à-dire jusqu'à ce que son ven-

deur ait prescrit contre l'action en revendication
de la succession, ou qu'il ait lui-même par dix ou
vingt ans acquis définitivement la propriété de
l'immeuble qu'il achète de bonne foi? en cas de
doute le meilleur parti à prendre est de s'abstenir
de tout acte, de tout paiement, qui peut avoir des
conséquences fâcheuses.

Ainsi le plus souvent, ce sera l'acheteur lui-
même qui aura été imprudent, d'abord d'avoir
acheté, et tout au moins de n'avoir pas pris des
précautions suffisantes pour se trouver à l'abri de
l'insolvabilité de son vendeur. Et c'est dans ces
circonstances, les plus pratiques sans aucun doute,
qu'on frappera l'héritier véritable pour la faute
d'un autre, alors qu'il est venu revendiquer ses
droits non pas pour dix ou quinze ans après l'ouverture de la succession, mais peut-être au bout
d'une année ou d'un délai encore plus court. L'é-
quité est donc bien plutôt pour nous, et nous
sommes autorisés à ne voir dans le préjudice souffert par l'acheteur que la juste conséquence de
son imprudence.

Quant à l'ordre public et à l'intérêt de la circulation des biens, il nous semble que nos adversaires
en prennent fort inutilement souci, car la loi s'est
expliquée elle-même assez nettement sur la mesure
qu'elle entend y apporter; toute la théorie des prescriptions repose sur cette considération. Moins

prompte que la Cour de cassation, mais en cela beaucoup plus raisonnable, elle a exigé une possession de dix années pour confirmer la propriété entre les mains du possesseur de bonne foi, et l'expiration d'un délai de trente ans pour la perte de l'action en pétition d'hérédité.

Qu'est-il besoin de s'en inquiéter plus que la loi ne l'a fait elle-même et dans une mesure si rationnelle ? Ces prétentions d'intérêt public aboutissent tout simplement à une critique de la loi, et nous la trouvons fort peu justifiée. D'ailleurs pourquoi restreindre alors l'influence de la bonne foi à l'hypothèse particulière des actes d'un héritier apparent, et pourquoi, si véritablement cette considération doit passer avant toutes les autres, ne pas l'appliquer toutes les fois qu'une propriété sera douteuse et qu'on aura à traiter un possesseur de bonne foi? Autant vaudrait effacer d'un seul coup l'article 1599 Cod. Nap. et décider que la bonne foi aura toujours pour effet de valider la vente de la chose d'autrui. Du reste les considérations n'ont jamais qu'une valeur interprétative, et nous n'entrerons pas à leur égard dans de plus grands développements. C'est sur les textes et les principes juridiques certains que la difficulté doit s'élever avant tout et c'est là que nous voulons placer la discussion.

Nous avons dit que la nécessité de trouver une

base juridique à un sentiment d'équité mal entendu avait entraîné nos adversaires dans deux ordres d'idées entièrement distincts et qui impliquent contradiction entre eux.

En effet, une première partie de leur discussion, celle qui est plus particulière à la Cour de cassation, se contente de chercher des analogies dans le Code, et base sa raison d'exception à l'article 1599 sur un nombre plus ou moins considérable d'hypothèses semblables et dans lesquelles la bonne foi dénature complétement la portée des principes qui eussent été en jeu si elle n'avait pas existé.

La conclusion que nous avons le droit d'en tirer, est qu'à ce premier point de vue c'est uniquement la bonne foi qui décide la question ; qu'en un mot, la décision n'est pas fondée sur ce que l'héritier apparent a eu le droit d'aliéner, mais sur ce que l'héritier véritable n'a pas celui d'évincer un possesseur que sa bonne foi protége. Nous n'en dirons pas davantage pour le moment et nous poursuivons la discussion sur chacun des articles qui ont été invoqués dans ce premier ordre d'idées.

L'article 1240 est le seul qui touche veritable- à la question, et qui offre au premier abord quelque chose de spécieux. Le paiement fait par un débiteur au possesseur de la créance, c'est-à-dire dans notre espèce, à l'héritier apparent est

valable. Il y a là incontestablement une exception
au principe qu'on ne peut conférer à autrui plus de
droits qu'on en a soi—même, et une décision fondée
uniquement sur la bonne foi d'un individu, qui
régulièrement devrait payer une seconde fois.
Qu'est ce à dire ? Une exception peut-elle jamais
s'étendre au delà des termes dans lesquels elle est
formulée, et voudrait-on essayer d'y faire rentrer
la vente d'immeuble par un héritier apparent ?
Nous pourrions nous borner à opposer cette fin de
non-recevoir et passer outre à un autre argument ;
mais nous voulons bien accepter la discussion
et examiner ce qu'il peut y avoir de commun entre
ces deux hypothèses ?

Lorsqu'un étranger est possesseur d'une créance,
lorsqu'il passe aux yeux de tout le monde pour le
véritable créancier, il en résulte une chose bien
simple, c'est qu'il a en fait le droit de poursuivre
les débiteurs. Possesseur de la créance, il sera
forcément considéré par le tribunal comme créancier véritable, et un débiteur qui résisterait
parce qu'il a des doutes, serait infailliblement condamné et verrait augmenter sa dette du montant
des frais de l'instance. Qu'y a-t-il d'étonnant alors
que le législateur lui permette de se libérer directement en payant aux mains du possesseur de la
créance, d'un individu qui pourrait l'y forcer ? Il
fallait nécessairement sortir de cette situation, et

en raison de la position tout à fait précaire du débiteur il fallait que les chances d'insolvabilité demeurassent à la charge du créancier véritable.

Mais l'achat d'un immeuble, fait à l'héritier apparent, a-t-il quelque chose de commun avec l'article 1240, et peut-on comparer la position de l'acheteur à celle du débiteur? Si l'acheteur a des doutes personne ne le force d'acheter, et l'héritier apparent n'ira pas l'actionner devant le tribunal pour le mettre en demeure de lui prendre sa chose ; il est complétement maître de sa participation au contrat. Allons plus loin : qu'il achète s'il le veut, mais qu'il prenne ses précautions et qu'il garde le prix jusqu'à ce qu'une prescription soit accomplie à son profit, ou a celui de l'héritier apparent; mais encore une fois il n'a rien de commun avec un débiteur qui peut être contraint au paiement, et qui n'a pas comme lui acheteur la précieuse faculté de s'abstenir.

Nous ne voyons donc aucune raison d'analogie entre ces deux hypothèses qui sont tout à fait étrangères l'une à l'autre, et nous laissons à l'article 1240 sa portée spéciale, en approuvant toutefois sans aucune réserve l'exception qu'il apporte au principe.

L'article 1380 Cod. Nap. n'a pas plus de valeur et des raisons d'un autre ordre lui ôtent toute espèce d'autorité dans notre question. Lorsque vous m'avez livré une chose en paiement, croyant que vous me la deviez, et que moi-même avec la plus entière bonne foi je l'ai aliénée, vous ne pouvez pas faire annuler la vente et vous n'avez d'autre ressource que de me réclamer le prix de la chose. Cette autre exception au principe que le propriétaire peut seul aliéner est fondée sur ce que le propriétaire est lui-même la cause de ce qui s'est passé. Il a donc commis une première faute en payant à un individu sans savoir s'il lui devait et nous n'avons rien de semblable dans notre vente.

Les articles 2005 et 2008 ont exactement la même portée, le mandant est en faute de n'avoir pas prévenu les tiers de la révocation de son mandat et c'est comme conséquence de sa faute qu'il doit supporter les aliénations et tous les actes faits par son mandataire après l'expiration des pouvoirs.

L'article 1935 ne mérite même pas la discussion. On sait, en effet, que les choses mobilières sont seules susceptibles d'un dépôt et c'est uniquement en vertu de l'article 2279 que la vente sera opposable au véritable propriétaire.

Sur le terrain des analogies, nos adversaires n'ont donc rien à prétendre et ils ne peuvent produire aucune disposition qui ressemble tellement à notre difficulté qu'on puisse prêter au législateur la pensée d'avoir voulu donner à la bonne foi une

influence aussi importante. Passons donc à la seconde partie de leur système et étudions la valeur
de cette prétendue vocation personnelle qui donnerait à l'héritier apparent un semblant de propriété susceptible de valider les aliénations qu'il
aurait pu consentir pendant sa possession.

L'article 724 n'a jamais voulu dire que la saisine
fût une investiture complexe et qui s'applique à l'ensemble de la famille et des *héritiers présomptifs ;*
si elle parle des *héritiers légitimes* au pluriel, c'est
tout simplement parce qu'il s'en trouve plusieurs
classes, et qu'il veut les opposer aux héritiers irré-
guliers qui n'ont pas de plein droit comme eux
la *possession* des biens du *de cujus.* Il a uniquement
pour but, de reproduire la règle de notre ancienne
jurisprudence : *Le mort saisit le vif, son hoir
plus proche et habile à lui succéder* (1).

La saisine au contraire, va droit à l'héritier
véritable sans s'arrêter aux héritiers apparents
qui peuvent avoir pris possession de la succession, car elle constitue une pure abstraction
légale, une investiture morale, qui indépendante
de toute détention matérielle, n'a pas besoin pour
se fixer, de la volonté de celui à qui elle s'adresse.
La preuve en est dans l'article 785 qui décide
que la renonciation à une succession remonte au jour

____

(1) Coutume de Paris, tit. XV, des successions en ligne directe
et collatérale,

de l'ouverture de cette succession, et que par cela même, jusqu'à la renonciation, l'héritier véritable est investi de cette qualité, légalement ensaisiné et non pas à sa place comme on veut le prétendre, les parents du degré inférieur et la famille dans son ensemble.

L'article **777** il est vrai, décide que l'effet de l'acceptation remonte au jour de l'ouverture de la succession; mais la raison en a été donnée par tout le monde : c'est qu'il est la conséquence de l'article **785**, et qu'il a été édicté pour éviter qu'une succession se trouvât avoir été vacante pendant l'intervalle qui a pu s'écouler entre le jour de l'ouverture de la succession et la renonciation de l'héritier ensaisiné suivie d'une acceptation faite par le parent le plus proche après lui. Par conséquent pas de vocation collective, pas de copropriété entre les différents degrés de parenté, c'est-à-dire une saisine de fait et une simple administration, une curatelle au profit de l'héritier apparent.

Serait-ce alors l'article **790** qui devrait trancher la question en décidant que les aliénations faites par un curateur à succession seront inattaquables de la part des successibles, et que l'héritier apparent étant une espèce de curateur, ses actes vaudront à ce titre, à l'égard de l'héritier véritable?

Nous sommes encore obligés de repousser l'analogie, d'abord parce que le curateur est un mandataire qui agit pour le compte de l'héritier, tandis que l'héritier apparent est un possesseur qui agit pour son propre compte et prescrit contre lui. De plus le curateur ordinaire est un administrateur nommé par le tribunal, placé sous la surveillance directe du procureur impérial et obligé de déposer à la caisse des consignations les sommes qu'il reçoit pour le compte de la succession, tandis que l'héritier apparent étant possesseur et agissant dans son propre intérêt ne doit compte à personne de son administration et particulièrement des versements qui sont opérés dans ses mains. Il y a donc là aussi deux espèces de capacité essentiellement différentes, et nous ne croyons pas qu'on puisse trouver entre elles la moindre ressemblance.

Quant à l'article 132 et à la théorie de l'absence, nous en faisons bon marché. Les aliénations consenties par l'envoyé en possession définitive, et qu'on veut prendre pour exemple ne peuvent jamais avoir lieu que trente-cinq années depuis le départ ou les dernières nouvelles de l'absent, c'est-à-dire après plus de temps qu'il n'en faudrait à l'héritier apparent pour prescrire la revendication de la succession qu'il a recueillie ; que l'héritier apparent attende aussi trente-cinq ans pour aliéner

(1) Voyez en ce sens Toullier (addit. au titre IX), Duranton (1, 559 à 578) — Troplong (chap. II, n° 468) — Marcadé (art. 137 n° 472 — Cour de Montpellier 9 mai 1838, Cour de Rennes, 12 août 1844.

et nous hésiterons à valider tous ses actes!(1) Enfin
M. Demolombe a proposé de voir dans l'héritier apparent un mandataire *cum libera administratione*,
un mandataire qui put faire tous les actes d'aliénation comme d'administration. Le savant professeur
oublie que le mandat d'aliéner ne peut qu'être
spécial et ne se présume jamais comme le mandat
d'administrer, et surtout que l'idée de mandat
c'est-à-dire de détention précaire et incompatible
avec l'acquisition par prescription, ne peut pas
s'accorder avec la qualité de l'héritier apparent qui
possède *animo domini* et prescrit par trente ans
contre la véritable successible.

Que reste-t-il de toute cette argumentation de
textes, absolument rien que la contradiction dont
nous avons parlé en commençant. En effet si
les articles 724, 777, 132, 790, etc. donnaient à
l'héritier apparent un droit personnel sur la succession, une espèce de propriété qui lui permit d'aliéner, la bonne foi de l'acheteur deviendrait tout à
fait inutile. Si l'héritier apparent peut se comporter
comme l'héritier véritable et disposer de la
succession (1) comme sienne, c'est en lui seul

(1) Ajoutons que la Cour de cassation s'est condamnée elle-
même, en reculant devant la conséquence nécessaire de son
système et en décidant que l'héritier apparent qui peut aliéner
chacun des objets composant la succession ne pourrait cependant
pas disposer de celle-ci dans son ensemble et à titre universel.

qu'il doit prendre la capacité de vendre tel ou tel immeuble et en dehors de la pensée de l'acheteur qui pourra être indifféremment de bonne ou de mauvaise foi. Que devient alors la première partie du système que nous combattons et les prétendues justifications qu'il cherche dans les articles 1240, 1935 et autres du Code Napoléon ?

Il faudrait pourtant qu'on s'entendît et qu'on fît un choix entre ces deux ordres d'idées, car il est impossible de les admettre ensemble et corrélativevement, de dire que l'héritier apparent a sur les biens de la succession un droit suffisamment étendu pour consentir tous les actes d'aliénation, et que cependant la condition de bonne foi de la part de l'acheteur est indispensable à leur validité.

Notre sentiment sur ce point, nous l'avons déjà dit, est que nos adversaires ont été surtout préoccupés de la protection due à la bonne foi et que toute cette théorie de saisine et de copropriété n'a été ajoutée que pour essayer de lui trouver un fondement légal en dehors des articles 1240, 1935 et 1980 insuffisants pour lui attribuer de pareils effets.

C'est bien ainsi que l'a compris M. Demolombe quand il a cherché dans la théorie du mandat, quelque chose qui put au point de vue juridique le satisfaire davantage que ce qui avait été proposé jusqu'alors. Il avoue lui-même la faiblesse de son argumentation et des conséquences qu'il en tire, quand il dit : « je suis très-touché, je l'avoue, de cette profonde conviction qui entraîne vers ce sentiment tous les hommes mêlés à la pratique et au mouvement des affaires. Parmi les avocats les plus exercés, parmi les notaires que j'ai pu consulter je n'en ai presque pas rencontré qui ne considérassent comme indispensable le maintien des ventes ainsi faites, *et voilà surtout ce qui me porte à dire que cette dernière opinion triomphera*. Mais pourtant je crois avoir prouvé que cette opinion *ne repose pas sur une base satisfaisante*....... Aussi me paraît-il essentiel, *puisque ce système doit l'emporter*, de lui chercher une base dans la loi positive....» et voilà comment le savant doyen de la faculté de Caen est amené à proposer l'idée du mandat.

M. Demolombe a prononcé lui-même dans ces deux phrases la condamnation de son système et nous ne pouvons rien ajouter à la force de ces paroles si nettes et si précises. Nous exprimons seulement le regret de voir qu'un esprit aussi profondément juridique ait cédé à des considérations d'une valeur au moins douteuse, et qu'il n'ait pas osé sacrifier dans l'intérêt d'un des principes les plus essentiels de notre loi civile, tout un ordre d'idées bon peut-être à prendre en considération quand il s'agit de faire la loi, mais toujours dangereux à mettre en balance quand on veut l'interpréter.

La vérité est pour nous toute entière dans l'article 1599, C. N: La vente de la chose d'autrui est nulle. Le retour de l'héritier véritable prouve que l'héritier apparent n'était pas propriétaire ; n'ayant lui-même sur la chose qu'un droit révocable, il l'a transmise à l'acheteur telle qu'il la possédait. Évincé de la succession, il est évincé par la même de tous les droits sur chacun des objets qui la composent, et l'acheteur qui a traité avec lui ne peut pas conserver un droit irrévocable qui ne lui a jamais été transmis. La bonne foi est protégée par la loi dans des limites raisonnables, et à moins d'une disposition expresse et d'une réforme dans notre législation, nous ne lui donnerons jamais pour effet de produire et de créer à elle seule une translation de propriété immobilière.

II. — Parmi les contrats qui entraînent dans la vie civile des individus des conséquences plus ou moins ineffaçables et dont la nullité peut bouleverser bien des situations acquises, c'est sans contredit le mariage qui offre les exemples les plus intéressants à étudier et les plus importants à protéger.

Pas plus que dans la vente de la chose d'autrui, la bonne foi ne produit dans le mariage la validité et la consolidation du lien de droit imparfait dans sa formation et incomplet dans ses éléments essentiels. L'ordre public est trop intéressé à ce que des exigences légales qui toutes ont leur raison d'être, et surtout les plus graves, soient respectées ; aussi le principe de la bonne foi ne peut-il pas valider pour l'avenir le mariage contracté en dehors de la loi et n'a-t-il jamais d'effet que dans le passé, c'est-à-dire dans le temps qui s'écoule entre la célébration du mariage et la prononciation de sa nullité par la justice.

C'est cette idée de réhabilitation rétroactive en quelque sorte que consacre l'article 201 du Code Napoléon quand il décide que le mariage qui a été déclaré nul produit néanmoins des effets civils, tant à l'égard des époux qu'à l'égard des enfants, lorsqu'il a été contracté de bonne foi.

La bonne foi ce fait complexe, presqu'indéfinissable et qui échappe selon nous à toutes les distinctions qui touchent à l'erreur, erreur de fait, erreur de droit, erreur grave, erreur légère, erreur sur la personne, sur la chose ou sur la cause, aura dans le mariage cet effet remarquable, que laissant à la nullité prononcée tout son effet direct c'est-à-dire l'anéantissement complet et dans le passé comme dans l'avenir de toutes les conséquences de la célébration, elle placera cependant l'époux de bonne foi dans une position telle, qu'il aura pu avoir des enfants légitimes en dehors du mariage, acquérir le droit à la fidélité de la part d'un individu qui n'a jamais été son conjoint, conserver les donations à lui faites en considération du mariage, et procurer à ses enfants tous les bénéfices de la légitimité non-seulement vis-à-vis de lui, mais aussi à l'égard de l'autre époux, conséquences exceptionnellement favorables, mais pleinement justifiées par la gravité des mécomptes qui résulteraient d'une application rigoureuse de la loi.

L'esprit de l'article 201 comme aussi sa lettre renferme donc cette pensée toute d'équité, qu'en raison de l'importance des résultats du mariage, du bouleversement complet que la nullité appliquée dans toute son étendue produirait dans la condition civile des conjoints contre qui elle serait prononcée, la rigueur des principes doit fléchir dès que cette situation digne d'intérêt n'a pas été volontairement acceptée par les époux ou par l'un d'eux, et qu'ils n'ont pas eu conscience du vice qui affectait leur union quelque grave et quelqu'énorme qu'il ait été.

Cette pensée si simple et si conforme à toutes les considérations d'utilité sociale et de protection privée a rencontré cependant dans la science de droit des contestations et des difficultés.

Certains auteurs, et des plus autorisés, ont voulu restreindre l'effet de la bonne foi aux mariages régulièrement célébrés et laisser en dehors de toute protection ceux dont la nullité ne résulterait pas d'un vice entièrement étranger à la célébration.

C'est surtout M. Laboulaye (1) qui a développé et soutenu cette thèse en lui donnant pour base les précédents historiques du droit canonique, et en allant chercher dans les mariages clandestins du moyen âge des exemples et des autorités. Remontant jusqu'en 1216, il va consulter Innocent III disant au concile de Latran que si quelqu'un osait contracter un mariage clandestin, les enfants nés de ce mariage seront tenus pour illégitimes et l'ignorance de leurs parents ne leur servira de rien. Cette distinction, ajoute-il, avait été admise presque sans difficulté par l'ancienne jurisprudence, ainsi que Coquille (2) nous l'apprend. M. Laboulaye s'inspire encore de ce que, « il faut pour être réputé vrai mariage pour les droits civils, que le mariage soit célébré au lieu où se dit la messe paroissiale, et en grande, pleine et entière assemblée des chrétiens et après bans proclamés. Ainsi le tient Marian Socin le jeune, mon précepteur (Cousil, 31—36. vol, 2 et Allegre Panormitanus) et il ajoute que c'est aussi l'opinion de Cujas. »

Nous accordons quant à nous à toutes ces puissantes autorités de l'ancien droit tout le respect qu'elles méritent, mais il nous paraît tout à fait nui-

***

(1) Mémoire pour les héritiers *Pescatore*, p. 8-58 et s.

(2) Cout. du Nivernais, chap. XXIII, des droits appartenant à gens mariés, art. 1 (édit. 1703, t. II, p. 211).

tile d'aller rechercher à une distance de plusieurs siècles une définition de ces sortes de mariages efficaces malgré leur nullité et qu'on s'accorde à appeler mariages *putatifs*. L'esprit de notre législation suffit à lui seul pour nous donner la véritable expression de son idée dans l'article 201 Cod. Nap., car elle a été puisée dans des principes de bon sens et d'équité qui sont à la portée de tout le monde et de tous les temps.

Si les mariages clandestins étaient traités plus sévèrement dans notre ancien droit et si on avait exigé pour l'admission de la bonne foi une célébration sinon entièrement régulière, au moins publique et solennelle, nous ne pouvons voir dans cette rigueur qu'une réaction énergique contre les abus du temps, et elle ne peut avoir aucune application en dehors de l'époque et des mœurs qui l'avaient rendue nécessaire. Aujourd'hui, c'est-à-dire depuis quatre-vingts ans, nous n'avons ni dans l'organisation sociale, ni dans la législation du mariage aucun point de commun avec les contemporains d'Innocent III, et nous pouvons nous suffire à nous-mêmes pour savoir comment l fautt raiter un mariage putatif.

Le mariage putatif ou mariage contracte de bonne foi, est celui qui a été dans la pensée des époux ou de l'un d'eux un mariage régulier, complet, définitif et devant les lier irrévocablement l'un à l'autre. Voilà la seule définition que nous croyons conforme à l'article 201 et aux règles d'équité qui exigent une croyance réelle à la validité du lien matrimonial, et cette croyance seule. Aussi pensons-nous qu'il n'y a pas à distinguer si l'erreur a porté sur une forme de la célébration, ou sur une autre condition essentielle qui n'aurait pas été accomplie.

M. Demolombe qui ne va peut-être pas aussi loin que M. Laboulaye, veut aussi cependant sinon une célébration régulière, au moins une célébration effective, et c'est ainsi qu'il refuse l'application de la bonne foi au mariage contracté devant un prêtre par exemple. Nous ne croyons pas qu'il soit davantage dans le vrai, car sa distinction excluerait de l'article 201 du Code Napoléon un nombre considérable d'hypothèses et des plus nécessaires à protéger et nous ne voyons pas où son système établirait une démarcation précise entre les vices de célébration susceptibles de mettre obstacle à l'application de la bonne foi et ceux au contraire qui permettraient d'en tenir compte.

Du reste l'idée du savant professeur ne s'appuie pas exclusivement comme celle de M. Laboulaye sur les autorités historiques, elle repose aussi sur une distinction qui a été faite par quelques auteurs entre ce que nous avons appelé les mariages nuls et les mariages annulables. On a soutenu que les mariages annulables étaient seuls susceptibles de l'application de l'artiele 201 parce qu'ils avaient seuls une existence réelle, et que l'effet de la bonne foi était uniquement d'effacer les vices qui pouvaient entraîner la nullité, sans cependant mettre obstacle à la formation même du mariage, comme cela résulte au contraire du fait de la mort civile, par exemple, chez l'un des époux, ou d'un défaut complet de célébration dans les règles de la loi.

Nous avons tenu compte dans plusieurs hypothèses de cette importante distinction entre la nullité absolue et l'annulabilité, mais nous ne pensons pas qu'elle puisse être prise en considération quand il s'agit de la bonne foi, et d'un mariage qui est irrégulier sans que les époux en aient conscience.

M. Zachariæ (III p, 243 et 244) qui a plus particulièrement défendu ce système, s'appuie sur ce que la bonne foi a pour effet de continuer après que la nullité a été prononcée les effets civils que le mariage avait produits jusqu'au jugement qui la prononce. Il en tire cette conséquence que le mariage nul n'ayant produit aucun effet, son défaut de formation existant à tous les instants et indépendamment d'une décision de la justice qui ne la prononce pas mais qui se borne à la constater, il n'y a pas de continuation possible dans des effets qu'il n'a

jamais eus et n'aurait jamais pu avoir. *Prius oportet esse quam operari*, avant de produire aucun
effet, il faut exister ; or le mariage absolument
nul ne produisant rien qu'un semblant de contrat,
la bonne foi ne peut pas compléter ce qui n'a jamais eu de comencement.

Si nous ne nous trompons, M. Zachariæ n'ap-
précie pas exactement en raisonnant ainsi, la
portée respective de la nullité proprement dite
et de l'annulabilité au point de vue où nous
nous plaçons. Nous n'avons pas à revenir sur les
différences qui caractérisent dans le mariage ces
deux espèces bien distinctes de nullité ; nous dirons
seulement que pendant que les époux sont encore
dans leur situation apparente de conjoints, si le mariage est simplement annulable la faculté d'en demander la nullité est réservée à certaines personnes
et limitée à un certain temps, tandis que l'inexistence du mariage peut être opposée par toute personne et à quelque époque que ce soit.

Mais si nous nous plaçons dans l'hypothèse de
l'article 201, que rencontrons-nous ? La nullité
sous quelque forme qu'elle se soit présentée est
déjà prononcée puisqu'il s'agit d'en régler les effets
ou plutôt de les faire disparaître. Or, si elle est prononcée, elle a comme nous le savons, même quand
elle n'est que relative, un effet rétroactif au jour de
la célébration ; et sans qu'il y ait à distinguer

entre la nullité absolue et l'annulabillité, tous les effets du mariage sont rétroactivement effacés. Nous nous trouvons par conséquent dans un cas comme dans l'autre en présence d'un fait qui n'a jamais eu de consistance, et dont la valeur est complétement anéantie. Comment pourrait-on alors conserver cette distinction ? pour être logiques, les partisans de cette doctrine devraient dire que la nullité sous quelque forme qu'elle se présentât, anéantissant le mariage dans le passé comme dans l'avenir, il n'y a jamais de résultat possible pour la bonne foi ; or je ne suppose pas qu'on ait jamais eu cette pensée, l'existence seule de l'article 201 en impose l'application ; et cette application doit-être générale car il n'y a en effet aucune différence possible entre la nullité et l'annulabilité du moment où on se place après leur prononciation. Il y a de part et d'autre une inexistence absolue du lien de mariage et c'est précisément cette conséquence commune que l'article 201 a pour but d'effacer par faveur pour la bonne foi, en décidant que le mariage qui a été déclaré nul *produit* néanmoins des effets civils et non pas *conserve* comme devraient le dire nos adversaires si leur distinction était fondée.

Cette disposition ne renferme pas autre chose que l'expression d'une volonté pure et simple de la loi ; elle n'est pas conforme sans doute aux principes généraux qui voudraient une nullité complète et radicale, mais il faut considérer la bonne foi comme un élément de validité du mariage, élément tout à fait particulier, et auquel la loi attribue la force de remplacer tous les autres dans certaines limites. Ajoutons aussi, qu'au point de vue du but spécial de cette disposition toute de faveur, il n'y avait aucune raison de distinguer. La femme qui épouse un mort civilement est tout aussi favorable que celle qui épouse un individu déjà marié une première fois, et si elle a été dans l'erreur, son erreur est aussi légitime dans le premier cas que dans le second.

M. Demolombe dont le système vient prendre un certain appui sur ce que nous venons de dire, repousse cependant le principe de cette distinction ; il en limite l'application au cas où la nullité résulterait du défaut absolu de célébration légale, au cas d'un mariage purement religieux par exemple. Nous ne croyons pas devoir y attacher plus d'importance dans ce second ordre d'idées que dans le premier ; que la nullité résulte d'un défaut de célébration ou de l'impossibilité pour l'un des époux de consentir valablement, il n'en existe pas moins un contrat vicieux, un semblant de contrat sur lequel a porté la bonne foi.

M. Demolombe, pour donner à son système une apparence de vérité, va jusqu'à supposer un mariage par simple consentement, ce qu'on pourrait appeler un mariage sous seing privé, et il se demande si une pareille union pourra produire quelque chose de légal. Nous lui répondrons que sur une semblable hypothèse nous sommes complétement de son avis, mais pour un tout autre motif. Si nous ne permettons à ce mariage de produire aucun effet, c'est uniquement parce que la bonne foi n'est pas admissible dans une erreur aussi grossière. Nous maintenons donc notre principe en décidant que s'il y a bonne foi, l'article 201 du Code Napoléon recevra application; mais nous voyons en fait une impossibilité presque certaine à ce que la condition exigée par l'article 201 soit remplie, parce que le pouvoir d'appréciation accordé aux juges ne leur permettra jamais de trouver de la bonne foi dans une semblable erreur.

Du reste, si nous sommes dans le vrai, c'est précisément dans les espèces que veut exclure ce système, que nous trouvons les applications pratiques les plus nombreuses de l'erreur et de la bonne foi chez l'un des époux. Quoi de plus simple en effet et de plus facile que de persuader à une jeune fille un mariage religieux, alors qu'incertaine entre l'obéissance qu'elle doit à ses parents et les sentiments de son cœur, elle cherchera dans une union secrète et qu'elle croira régulière un lien qui retienne auprès d'elle celui qu'elle a choisi, jusqu'à ce que des temps meilleurs et une volonté moins inflexible lui permettent de le présenter au monde et à sa famille comme le compagnon de sa vie ?

On peut même trouver en dehors du mariage religieux des exemples de séduction. Un greffier, un notaire peuvent se rendre complices d'un séducteur et faire devant une jeune fille de bonne foi le simulacre d'une célébration qui n'aura pas plus de fondement légal. La complicité du prêtre, du fonctionnaire public sera peut être souvent difficile à rencontrer, et nous le désirons de toutes nos forces, mais il n'y a rien d'impossible à la supposer et la jurisprudence même a été consultée plusieurs fois sur la question du mariage purement religieux (1).

Nous ne trouvons donc aucune bonne raison d'enlever cette protection de l'article 201 à ceux qu'un concours de circonstances fatal ou criminel aura entraînés dans un piége et dans une erreur excusable, et nous n'hésitons pas malgré l'autorité du savant doyen, à étendre au défaut de célébration légale l'application de l'article 201. Il nous serait toujours impossible de voir dans la jeune fille indignement trompée dont nous avons parlé, une concubine, et dans son enfant un bâtard.

(1) Bourges, 17 mars 1830.

On a proposé aussi une dernière distinction entre l'erreur de fait et l'erreur de droit. Elle a rallié, nous devons le dire, bien peu de partisans, et la jurisprudence l'a presque constamment repoussée (1). Elle a en effet encore moins de raison d'être s'il est possible que les deux autres ; car si on peut prétendre qu'un mariage qui n'a pas d'existence n'est pas susceptible d'être consolidé dans certains de ses effets, ou qu'il faut au moins un commencement de célébration, une apparence de mariage civil, il nous paraît impossible de faire une différence dans le degré d'excusabilité suivant qu'elle proviendra de l'ignorance de la loi ou d'un fait. Ces deux espèces d'erreur méritent une égale protection quand elles sont complètes et légitimes et nous déciderons sans insister davantage, que l'erreur de droit comme l'erreur de fait pourra constituer la bonne foi exigée par l'article 201 du Code Napoléon.

Il est à peine nécessaire d'ajouter que la bonne foi suffit au moment de la célébration ou du moins de ce qui dans la pensée des époux a été la célébration, car si le mariage n'est pas attaqué, on ne peut pas imputer à faute celui

______

(1) Metz 7 fév. 1854. — Paris 9 fév. 1860. — Aix 11 mars 1858. — Aix 5 mai 1848. — Cass. 21 mai 1810. — Voyez cependant en sens contraire : Bourges 17 mars 1830. — Colmar 14 juin 1838.

qui a été de bonne foi, de rester dans une union qu'il avait acceptée comme légitime et de ne pas briser lui—même un lien dont la rupture ferait le plus souvent le malheur de sa vie.

Là théorie de la loi sur le mariage putatif est donc celle-ci. L'erreur sur une circonstance qui entraînait la nullité du mariage, erreur qui constitue la bonne foi dans le consentement, ne peut pas valider ce mariage ni dans le passé ni dans l'avenir. Mais comme la bonne foi place celui des deux époux qui s'est trompé ou qui a été trompé dans une situation digne d'intérêt à cause de la gravité des conséquences qu'entraînerait l'application rigoureuse des principes de la nullité, la loi a voulu qu'il profitât néanmoins de tous les avantages du contrat qu'il avait cru former.

Ainsi une seule idée a dicté la disposition de l'article 201, une idée de protection et de faveur qu'il faut appliquer toutes les fois que cette faveur et cette protection est méritée, et sans la faire dépendre des subtilités juridiques qui servent à classer les différentes espèces d'erreur ; les Tribunaux auront un pouvoir d'appréciation absolu sur les circonstances qui peuvent constituer la bonne foi résultant de l'erreur soit de fait, soit de droit.

Nous savons que l'erreur ne se présume pas, pas plus l'erreur de fait que l'erreur de droit, et

que c'est toujours à celui qui l'invoque à en fournir la preuve. Mais la mauvaise foi ne se présume
pas non plus, et quoique la bonne foi résulte d'une
erreur, le fait seul de la nullité du mariage ne peut
pas établir contre les époux la présomption qu'ils
connaissaient les vices qui ont mis obstacle à la
validité de leur mariage.

Bien souvent il est vrai, la preuve de la nullité
donnera celle d'une fraude de la part de l'un des
conjoints et le constituera en état de mauvaise
foi ; mais c'est là une exception toute restrictive
et l'incertitude sur la bonne foi résultera au contraire la plupart du temps des débats sur la nullité. C'est alors que la présomption de bonne foi
s'élèvera pour faire appliquer l'article 201 jusqu'à
ce que les parties intéressées (1) et notamment
celui qui a fait prononcer la nullité du mariage,
établissent que les époux ou l'un d'eux avaient
pleine connaissance du vice dont il s'agit.

Nous supposons cependant une nullité de fait,
car s'il s'agissait d'une nullité de droit, l'ignorance
de la loi ne pouvant jamais être présumée, la preuve
de l'erreur resterait complétement à la charge de
celui qui l'invoquerait pour en faire le titre de sa
bonne foi.

______

(1) Jugé en ce sens que le ministère public à la poursuite
duquel la nullité du mariage a été prononcée, n'a pas qualité
pour faire juger la question de bonne foi. (Aix 5 mai 1846).

Nous avons décidé quand nous nous sommes occupés de l'erreur comme cause de nullité, qu'elle devait toujours être l'objet d'une preuve directe et principale aussi bien en fait qu'en droit. Mais la raison de différence est que l'erreur dans le sens de la nullité s'attaque directement à un contrat régulier en apparence, et qu'un lien de droit étant formé, il faut évidemment que celui qui l'attaque justifie des faits qu'il avance. Quand il s'agit au contraire de l'erreur dite bonne foi, les choses se passent d'une manière toute différente, car le vice du contrat est déjà établi, le contrat lui-même annulé, et l'erreur n'a pas pour effet de porter atteinte à quelqu'un de ses éléments. Elle se place en face d'un résultat acquis, et se confond avec une disposition d'esprit qui aurait fait voir à l'individu de bonne foi les choses autrement qu'elles se sont passées ; elle devient la pensée opposée à celle d'un dol ou d'une faute de désobéissance à la loi, et il est naturel qu'elle soit plutôt présumée que ce dol et cette faute, à moins toujours qu'elle ne représente une ignorance de la loi, auquel cas il n'y a plus de présomption possible en sa faveur.

Tous les effets civils du mariage annulé seront produits par le seul fait de la bonne foi. Nous excepterons cependant le droit de successibilité réciproque, qui ne prenant naissance qu'à la mort des conjoints exige que cette qualité existe encore à ce moment. Évidemment aussi la loi n'entend conserver que les effets civils qui ont existé entre la célébration du mariage et la nullité ; postérieurement à cette époque les époux deviennent légalement étrangers l'un à l'autre, et aucun effet civil ne peut résulter de l'union qui a été rompue. Il faut en un mot considérer la nullité du mariage comme une dissolution comparable au divorce par exemple, avec cette différence que souvent ce sera seulement un des époux qui pourra profiter de ce bénéfice de la loi et avec lui les enfants issus du mariage.

On a beaucoup disputé sur quelques-uns de ces effets. Nous n'avons pas à entrer dans les détails de ces discussions que, pour notre part, nous n'avons jamais comprises. Il nous semble qu'en posant une fois ce principe que jusqu'à la prononciation de la nullité, le mariage produit tous ses effets civils exactement comme s'il était régulier, et qu'après la nullité prononcée il ne subsiste que ceux des effets civils déjà nés et avec exclusion de tous autres à venir, nous pouvons donner une solution certaine dans toutes les hypothèses qui peuvent se présenter dans la pratique. Ainsi, légitimité (1) des fanents avec toutes

(1) Nous trouvons au n° 416 du contrat de mariage de Pothier, une espèce curieuse sur laquelle la jurisprudence, à notre connaissance du moins, n'a pas encore été appelée à se pro-

ses conséquences à leur profit et aussi dans l'intérêt de l'époux de bonne foi, droit de fidélité, validité des donations à lui faites en considération du
mariage, hypothèque légale de la femme sur les
biens de son mari; partage des biens communs

noncer. Un individu a des enfants d'une femme mariée qu'il
croit veuve; muni d'un certificat constatant la mort du premier
mari, il épouse cette femme pour légitimer ses enfants. Bien
des années après, le premier mari revient et fait annuler le
second mariage contracté de bonne foi par les deux époux.
Faudra-t-il déclarer ces enfants légitimes ou au contraire leur
refuser le bénéfice de l'article 201, Cod. Nap.?

La solution de cette question dépend d'une autre qui ne nous
a jamais paru douteuse, celle de savoir si le mariage putatif
aura pour effet de légitimer les enfants nés d'un commerce qui
n'était ni incestueux ni adultérin. La généralité des auteurs
(V. Valette sur Proudhon, tome II pag. 170, Marcadé sur l'article 202, Zachariæ tome I p. 201), considère la légitimation
comme valable, car le mariage putatif produit les mêmes effets
civils que le mariage régulier et la légitimité des enfants en est
la première conséquence. On objecte il est vrai que la loi ne
parle que des enfants *nés* de ce mariage. Nous ne pensons pas
qu'on puisse attacher à ce mot un sens aussi restreint, l'article
201 statue sur le *plerumque fit*; et d'ailleurs la légitimité des
enfants peut rentrer dans les conséquences civiles du mariage
à l'égard de l'époux de bonne foi qui aurait toujours le droit en
son nom personnel et dans son intérêt propre de réclamer le
bénéfice de la légitimité de ses enfants.

La difficulté nous paraît plus sérieuse dans l'hypothèse résolue
par Pothier, et nous rencontrons la presqu'unanimité des auteurs
d'accord pour refuser aux enfants l'application des effets de la
bonne foi et la légitimité. Ils considèrent que l'adultérinité de
la filiation reste complétement en dehors des règles de la bonne
foi; que si la loi a dû tenir compte de l'erreur légitime pour
assurer l'avenir des époux et de leurs enfants nés *après* un
mariage valable en apparence, la même faveur ne peut pas
s'étendre au résultat d'un commerce irrégulier et qui pour
n'être pas criminel dans la pensée du père et de la mère n'en

d'après les règles ordinaires de dissolution de communauté. Si les deux époux sont de bonne foi la communauté sera complète et le partage se règlera comme en cas de mort de l'un d'eux après un mariage régulier. Si l'un d'eux seulement est de

constitue pas moins en lui-même une faute de leur part. Il en résulte d'après ces auteurs, que la bonne foi ne peut s'appliquer qu'au mariage et à ses suites en tant que mariage, mais non pas à une de ses conséquences indirectes comme la légitimation quand elle repose sur une base vicieuse et ineffaçable comme l'adultère.

Il nous est difficile malgré la puissante autorité des grands noms qui défendent cette thèse, de la trouver conforme à l'idée générale de la bonne foi. Le commerce entre deux personnes qui ne sont pas mariées ne constitue pas légalement une faute. Il n'entraîne aucune déchéance quand il n'est pas accompagné d'inceste ou d'adultère et c'est l'un de ces deux caractères seulement qui met obstacle au bénéfice de la légitimation. Or du moment où ces deux personnes ont ignoré dans notre espèce le fait d'adultère qui résultait de leur liaison, leurs enfants sont nés à leurs yeux dégagés de la déchéance qu'il entraîne, et ils ont cru pouvoir en leur donnant le jour leur réserver les avantages de la légitimation. Le fait de la conception et de la naissance se lie intimement à celui de la légitimation, c'est-à-dire du mariage. La bonne foi qui a existé à tous les instants doit envelopper cette situation tout entière pour la transporter sous l'application de l'article 201 du Code Napoléon. Le mariage et la naissance sont en effet réciproquement la cause l'un de l'autre et ils doivent former d'après nous un tout indivisible dont on ne peut pas séparer la première partie pour ôter à la seconde sa plus grave et peut-être sa seule portée dans la pensée des époux. Nous verrions presque une inconséquence dans la loi si on lui faisait décider que la bonne foi est susceptible d'effacer le caractère de bigamie qui entache le mariage, et qu'elle est incapable de faire disparaître le vice d'adultérinité, qui, s'il eut pu être prévu, eut peut-être mis obstacle au commerce d'où sont sortis les enfants pour lesquels nous réclamons et nous maintenons le bénéfice de la légitimation.

bonne foi, il pourra s'il y a intérêt maintenir le partage à titre de communauté ; mais il aura aussi le droit de considérer l'état de fait qui a existé entre son conjoint et lui comme une société dont la dissolution est arrivée, et prendre dans la masse une part proportionnelle à son apport.

Quant aux libéralités entre les conjoints, l'époux de bonne foi pourra seul et il le pourra toujours, encore qu'elles aient été faites réciproques, réclamer celles qui existent à son profit ; car la cause d'une donation est uniquement au point de vue légal la volonté d'un avantage et d'un bénéfice à procurer, et ne peut puiser dans le fait de la réciprocité aucun caractère onéreux (1).

Il pourrait arriver dans le cas de bigamie par exemple, qu'il y eût à partager simultanément ou successivement deux communautés. La première se réglera en déduisant l'apport fait par l'autre époux

(1) Si nous supposons qu'une donation a été faite par un tiers à l'époux de mauvaise foi en considération de son mariage, il est important de savoir si la nullité entraînera avec elle la révocation de cette donation. Si cette donation est faite de biens avenir seulement, il suffira de considérer l'époque de la mort du donateur postérieure à celle de l'époux donataire, et de voir s'il existe à ce moment des enfants susceptibles de la recueillir, parce qu'ils viendront alors en vertu de la vocation personnelle et subsidiaire que leur donne l'article 1082 Cod. Nap. Si la donation comprend des biens présents, la solution est plus douteuse. La donation de biens présents faite par contrat de mariage est comme la donation de biens à venir, présumée faite en faveur des deux époux et des enfants à naître, puisqu'elle n'est pas révocable pour cause d'ingratitude. Il y aurait

dans la seconde et la seconde se partagera en tenant compte de tout l'apport de l'époux de mauvaise foi , alors même que le premier partage lui
en aurait enlevé la moitié.

Quant au partage de la succession du mari qui
n'aurait laissé d'autres héritiers que les différentes
femmes qu'il a successivement épousées, il se règlera encore par la considération de bonne foi ;
elles viendront toutes et pour part égales en concours les unes avec les autres.

La nullité du mariage n'ayant pas pour but immédiat la séparation des biens pour mauvaise
gestion du mari, c'est évidemment au jour de la
prononciation et non de la demande que seront
fixés les droits respectifs des parties : elle produira en cela les mêmes effets que la séparation
de corps avec laquelle elle présente au point de

donc injustice à faire tomber la donation avec le mariage, puisque la bonne foi de l'autre époux suffit pour lui assurer à lui
et aux enfants communs, toutes les conséquences civiles du
mariage. D'autre part on accorde en la maintenant, un bénéfice
à l'époux de mauvaise foi et on conserve en sa faveur une des
conséquences du mariage. Nous croyons cependant que la
donation devra être maintenue. Faite par contrat de mariage
elle s'étend dans la pensée du donateur et dans l'idée de la
loi au mariage lui-même et à toutes les personnes qui parti-
cipent de ses effets civils ; la mauvaise foi de l'un des époux
ne pourra pas priver son conjoint et ses enfants, du bénéfice
éventuel qu'ils ont le droit d'en attendre ; et quoiqu'il en résulte pour cet époux de mauvaise foi un certain avantage
personnel, nous conserverons à la donation toute son efficacité.

vue des conséquences pécuniaires une grande analogie.

Les rapports des parents avec leurs enfants
donnent aussi lieu dans les questions de succession
et de puissance paternelle à des réglements fort
importants. Les principes généraux de ces différentes matières suffisent à donner les solutions,
quand on part de cette idée fondamentale que la
bonne foi d'un époux produit au profit des enfants
et de cet époux la légitimité d'une manière absolue,
et au profit du conjoint de mauvaise foi les droits
qui compètent à l'auteur légalement reconnu par application des articles 331 et 335 du Code Napoléon.

Nous terminons avec le mariage putatif, l'étude
de lerreu'r qualifiée bonne foi et des effets qu'elle
produit dans certains événements juridiques particuliers. Complètement étrangère à la validité
des différents éléments qui forment le rapport
de droit sur lequel elle a porté, elle est tout à
fait en dehors de la nullité dont il est affecté, et
c'est précisément cette nullité qu'elle a pour but,
si non de paralyser entièrement, au moins d'atténuer dans quelques-uns de ses effets principaux.

Quand nous avons examiné l'erreur à ce premier
point de vue, nous ne lui avons trouvé ni le caractère, ni l'intérêt d'une théorie fondée sur un raisonnement juridique et applicable à toute ex-

pression d'une volonté contractuelle. Inégale au contraire dans ses effets, elle dépend uniquementde cette idée abstraite qu'on appelle l'équité, et elle ne joue jamais qu'un rôle spécial et personnel en quelque sorte à chacun des rapports d'obligation que la loi soumet à son application.

Il est donc impossible d'en faire l'objet d'un principe juridique et d'une généralisation théorique qui puissent correspondre à sa définition légale et lui donner des règles générales et uniformes. La seule règle qui convienne à sa nature et qu'il est du reste important de formuler, c'est qu'on ne doit admettre son influence sur les nullités qui résultent de l'application d'un principe de droit qu'autant que la loi l'a formellement décidé et s'en est expressément expliquée comme dans les articles 201 et 202, 546, 555, 1238, 1240, 2265 et 2266, 2279 etc. du Code Napoléon

Mais si nous voulons résumer son caractère principal, celui de cause de nullité dans les contrats, nous rencontrons au contraire une théorie complète comme celle du dol et de la violence. De même que ces deux autres vices du consentement, elle est nécessairement liée à tous les rapports juridiques résultant de la volonté, et il faut une disposition spéciale pour l'empêcher de produire dans quelques-uns d'entre eux, la nullité qu'elle entraîne pour tous les autres.

Elle n'agit pas toujours il est vrai avec la même mesure, et la nullité dont elle est la cause est tantôt relative, tantôt absolue. Mais cette différence dans ses effets ne résulte plus comme dans ceux de la bonne foi de la nature particulière des contrats ou des quasi-contrats qu'elle a frappés, mais de la gravité même de l'élément qui se trouve altéré par son existence, et qui est commun à tous les rapports de droit. Ainsi le degré de nullité est différent suivant qu'elle s'attaque à la cause et à l'identité, ou à la substance de la chose.

Dans la cause et l'identité, elle n'apparaît pas immédiatement comme la cause directe de la nullité absolue qu'elle produit, et cette nullité paraît résulter plutôt du défaut de cause en lui-même et du désaccord sur l'identité de la chose. Mais comme le défaut de cause et le désaccord sur l'identité ne peuvent se concevoir dans un échange sérieux de volontés que s'il a été le résultat d'une erreur, c'est d'elle en définitive que dépend la nullité, et à ce titre nous avons le droit de la considérer à ce premier point de vue comme un vice radical du consentement.

Dans un second ordre d'idées, elle ne produit plus qu'une nullité relative ; c'est lorsqu'elle porte sur la substance de la chose qui fait l'objet d'une obligation. Ici encore elle s'applique à tous les contrats, et son effet est le même pour tous, car ils sont tous susceptibles d'être affectés dans la substance de la chose qui fait l'objet ou l'un des deux objets du lien conventionnel. Elle comprend alors l'erreur dans la personne qui n'est elle-même qu'une véritable erreur sur la substance et une des formes sous lesquelles elle se présente, car dans les contrats ou la considération de la personne a une influence, dans une obligation de faire par exemple, l'exécution du fait forme l'objet de l'obligation et son exécution par telle personne déterminée constitue précisément la substance de cet objet.

L'erreur comme cause de nullité modifie donc directement et d'une manière positive tous les rapports d'obligations dont elle fait partie, et elle est inséparable comme le dol et la violence de toute étude de la volonté susceptible de produire une nécessité légale. La liberté physique ou morale est en effet la condition fondamentale du consentement efficace et l'erreur comme le dol et la violence caractérisant précisément un défaut de liberté a un degré plus ou moins considérable, peut toujours faire l'objet d'une preuve parrallèle et opposée à elle du contrat ou du quasi-contrat lui-même.

Les effets de l'erreur, passant à travers la nullité qu'elle produit, n'ont rien qui leur soit particulier. Le rapport de droit est rétroactivement anéanti à l'égard des tiers comme entre les parties, et les

choses, sauf les applications plus ou moins importantes de la bonne foi, sont replacées à l'égard de
tout le monde dans le même état que si aucun lien
juridique n'avait existé.

On a souvent parlé à propos de l'erreur en droit
français, de cette idée romaine tirée des testaments
et de la qualité des témoins sous Justinien et formulée ainsi : *error comminis facit jus*, (1) et on
a voulu lui donner un rôle dans la théorie du Code
Napoléon.

Nous ne pensons pas qu'elle puisse avoir aujourd'hui une influence légale et qu'elle doive occuper la moindre place dans l'étude des principes
de l'erreur. La nullité qui est prononcée par la loi
est en effet fondée sur ce que le consentement résultant de l'erreur n'est ni libre ni complet, et
le fait que cette erreur soit partagée par d'autres,
qu'elle soit en un mot *error communis*, ne peut
modifier en rien le fait même de son existence
chez celui qui a intérêt à s'en prévaloir.

Elle n'a pas davantage d'utilité au point de vue
des éléments constitutifs de la bonne foi qui ne
peuvent faire l'objet d'aucune règle absolue, et qui
nous paraissent surtout essentiellement opposés a
l'admission d'une condition comme celle que l'erreur soit *commune*, condition qui dans certains cas

(1) **Just** ; § *De testam. ordin* liv. II, tit. 10.

prouverait beaucoup trop en faveur de la bonne foi et dépasserait la vérité, tandis que dans d'autres hypothèses, c'est-à-dire quand elle ferait défaut, elle prouverait encore trop mais au détrîment de la bonne foi. Du reste cette formule n'aurait d'autre résultat que d'établir une espèce de principe d'excusabilité et d'inexcusabilité comme celui du droit romain, et nous ne le voyons reproduit nulle part dans notre législation civile si nette et si précise sur les conditions qu'elle impose à l'admissibilité de l'erreur au moins comme cause de nullité.

Laissons donc de côté l'influence de l'*error communis* sur les principes théoriques de l'erreur dans les contrats et de son efficacité juridique. Placée à côté du pouvoir d'appréciation réservé au magistrat dans l'examen des faits et de leur pertinence, elle pourra lui être d'un grand secours en facilitant la preuve à celui qui aura déjà établi que l'erreur qu'il invoque est *communis*, c'est-à—dire partagée par tout le monde; mais c'est à ce seul titre que nous pouvons lui reconnaître une certaine utilité et lui permettre de prendre rang parmi les idées générales qui constituent l'ensemble de ce que nous avons cru pouvoir appeler la théorie de l'erreur et de son influence légale sur les conventions.

*

TABLE DES MATIÈRES

Introduction . . . .

DROIT ROMAIN

I. — Généralités. — Erreur de fait, erreur de
   droit.   1
II. — *Error* dite *essentialis vel concomitans*, er-
   reur sur la chose même *in ipso corpore* et
   sur la forme du contrat. 14
III. — Erreur sur la cause et le motif. 21
IV. — Erreur sur la matière, sa substance et ses
   qualités. — Distinction entre les contrats
   commutatifs et les contrats unilatéraux. —
   Actions Édiliciennes 27
V. — Erreur sur la quantité. 42
VI. — Erreur sur l'existence de la chose. . . . 47
VII. — Erreur sur le commerce de la chose et la
   qualité du vendeur 50
VIII. — Erreur sur la personne 56
IX. — De la bonne foi dans les contrats 59
X. — Du mariage et de l'*Erroris causæ probatio* 70

DROIT FRANÇAIS

Chapitre I. — De l'erreur de fait et de l'erreur de
   droit 75
Chapitre II. — Le l'erreur sur l'objet 80

Section I. — Du défaut absolu du consentement résultant de l'erreur . . .   **83**

Section II. — De la chose envisagée dans ses
qualités substantielles et accidentelles. **91**

Section III. — De la cause et du motif au point
de vue de l'erreur **104**

    § I. — Transaction. **115**

    § II. — Partage **124**

    § III. — Rente viagère . . .   **126**

Section IV. — De la preuve de l'erreur. — Si
l'erreur doit exister chez les deux
parties qui contractent **133**

CHAPITRE III. — De l'erreur sur la personne . . .   **148**

Section I. — Des différentes espèces de contrats qui subissent l'influence de
l'erreur sur la personne **154**

    § I. — Des obligations de faire.   **154**

    § II. — Des conventions qui re-
posent sur une pensée d'affection ou de confiance . .   **156**

    § III. — De la personne dans la
transaction **162**

Section II. — Des conditions que doit remplir
l'erreur dans la personne aux termes
de l'article 1110 Cod. Nap. — erreur
sur la capacité **170**

Section III. — De l'erreur dans le mariage . .   **181**

CHAPITRE IV. — De l'erreur de droit **218**

    § I. — *Nemini jus ignorare
licet* **218**

    § II. — De l'erreur de droit dans
la transaction. **225**

CHAPITRE V. — De l'erreur qualifiée bonne foi et
de ses principaux effets juridiques .   **244**

Section I. — De quelques quasi-contrats au
point de vue de la bonne foi. . .   **251**

§ I. — Du paiement fait par un incapable au créancier qui a consommé la chose de bonne foi (art. 1238 Code Nap.) 251

§ II. — Du paiement fait au possesseur de la créance . . 253

§ III. — Du paiement fait au créancier qui supprime son titre 254

§ IV. — Des constructions faites sur le terrain d'autrui par un possesseur de bonne foi. 255

Section II. — Des aliénations d'immeubles consenties par l'héritier apparent à un tiers de bonne foi, et des mariages putatifs 257

§ I. — Aliénations faites par l'héritier apparent . . . 258

§ II. — Mariage putatif . . . 283

281 — Abbeville. — Imprimerie Briez, C Paillart et Retaux.

ABBEVILLE. — IMP. BRIEZ, C. PAILLART ET RETAUX.